# VOYAGES À SKI

Lève-toi,
nous avons l'éternité
pour dormir.

Omar Khayyâm

Shams Eybert-Berard

# VOYAGES À SKI

*— Des Alpes aux neiges de l'Asie centrale*

Glénat

# Carnet intime en « Neigistan »

— Cédric Gras, écrivain voyageur

L'imaginaire de la glisse se cantonne trop souvent à une station et un domaine skiable. Celles et ceux qui randonnent savent malgré tout qu'on peut aller par monts et par vaux avec ses planches et voyager, ne serait-ce qu'à travers les Alpes. Shams Eybert-Berard montre, lui, la voie de pérégrinations plus lointaines, jusqu'aux confins de l'Eurasie. Voici la somme de ses échappées continentales. Les mémoires pratiques d'un jeune guide baroudeur, sorte de routard des spatules, accompagné tantôt de sa compagne, parfois de ses amis, et de temps en temps d'heureux clients.

*Voyages à ski* aurait aussi bien pu s'intituler « Neigistan » tant Shams s'est attaché à écumer la poudreuse des pays en « -stan ». Partant de notre bonne vieille Europe, il a chaque fois mis le cap sur l'Asie centrale et ses massifs méconnus. Il y a contracté le syndrome de Marco Polo, celui qui pousse toujours plus à l'est, par les antiques routes de la soie – les « routes de la peuf », comme on plaisanterait dans un bar de Chamonix. Dans sa caravane trônent quelques paires de skis et l'envie de voir du pays en relief.

De la neige, Shams en a trouvé partout sur le chemin de l'Orient et parfois où on ne l'y attend pas, en Grèce, au Liban, en Iran… au-dessus de la mer et des déserts. Pour nos pères voyageurs, la route passait ensuite par l'Afghanistan jusqu'aux Indes. La guerre et les talibans ont barré la voie alors que s'ouvraient d'autres itinéraires à travers les steppes d'une ex-URSS disloquée. Notre homme s'est appliqué à défricher ces républiques jusque-là interdites, devenues terres d'aventure de toute une génération.

J'ai moi-même vécu mes plus belles années et mes plus fameux voyages dans cette Eurasie fermée à nos aînés, pays en « -stan », mais aussi Sibérie, Mongolie ou Xinjiang chinois. Le périple vers l'est n'est rien moins que le voyage originel. Ses pistes et ses caravaniers ont repoussé les limites du monde bien avant la découverte de l'Amérique. Les hommes cherchaient alors des passages et des cols à travers les colossales chaînes de montagnes dont on redoutait les tempêtes et les hivers. Ils ne soupçonnaient pas que, des siècles plus tard, on en remonterait les pentes vers les sommets pour l'ivresse de les dévaler en célébrant l'immaculée.

En Transsibérien ou à peau de phoques, Shams nous emmène à sa manière dans cette Eurasie turcique, persane, altaïque, que sais-je, tour à tour brûlée ou gelée. Partout, il a gagné les hauteurs par des pistes à peine carrossables et bornées de précipices. Il a demandé l'hospitalité aux montagnards des hautes vallées avant de quitter les derniers représentants d'une humanité erratique et de s'élever au-delà des ultimes pâturages. Sans prétendre à l'exploit, il a souvent été le premier à glisser dans ces vertiges et sur ces versants. Au XXI<sup>e</sup> siècle, on peut encore goûter aux joies de l'exploration sans topos ni météo. Shams en rapporte des textes aussi jolis que précis et une photographie qui cadre les visages autant que la trace de ses skis dans le paysage. *Voyages à ski* est un manuel de l'Eurasie des neiges doublé d'un journal de bord.

**Page de droite**
*Importante chute de neige dans les forêts de Sibérie.*

# Avant-propos

Ce carnet de voyage est une invitation à faire le premier pas vers les steppes enneigées. Il vous emmènera au fil des pages, au travers des mots et des images, dans un grand voyage hivernal d'Europe en Asie. Je vous propose de chausser les skis pour partir ensemble vers les neiges d'Asie centrale.

Nourri d'une culture familiale de voyageurs, je porte un prénom perse, et mon grand-père est indien. C'est le point de départ de cette passion pour l'Asie centrale née il y a une quinzaine d'années. Découvertes d'abord à vélo, ces contrées me sont apparues comme d'immenses montagnes sans horizon, à la géographie si complexe, des enchevêtrements infinis de vallées, un capharnaüm de sommets et de glaciers. Comment s'y glisser, s'y aventurer… À vélo, c'est presque simple, il y a toujours une piste qui donne une direction à suivre. Sur la neige, c'est un nouveau monde qui s'ouvre à nous, vierge de toute trace et, dès lors, tout est à inventer.

Porter ses skis dans un autre pays, ce n'est pas seulement faire des virages dans la poudreuse en sachant à peine dans quel pays en « -stan » on se trouve. Partir à ski, c'est d'abord un voyage, une exploration. Il faut s'attarder sur tout ce qui fait le voyage, l'histoire de la région, ses habitants, la culture. Le ski, quant à lui, permet d'accéder à l'inaccessible en période hivernale, mais aussi à rencontrer les autochtones et partager, l'espace d'un moment, un morceau de leur vie. Certaines montagnes n'ont jamais été skiées auparavant, mais « faire une première » n'a pas d'importance ici, car les itinéraires restent des parcours de découverte, accessibles à la plupart des skieurs de randonnée. Cependant, attendez-vous à monter dans un village coupé du monde à dos de mule, parler russe pour demander votre chemin, dormir dans le salon de vos hôtes et faire du ski « à vue » – sans topo exhaustif, avec peu d'informations.

Plus que découvrir des pays, j'aime me dire que l'on voyage pour rencontrer des peuples, des religions, des cultures, pour converser en turc avec des Kirghizes, ou en perse avec des Tadjiks. Mais dans quels pays habitent les Kurdes, les Ouïghours, les Bouriates ? Un sacré bazar, aux confins de la Route de la soie, c'est le cas de le dire.

L'Asie centrale est une entité qui n'a jamais appartenu à un seul pays au cours de son histoire et elle n'est pas non plus géographiquement distincte. Placés au centre de cet immense continent, ses peuples ont subi les influences culturelles et politiques de nombre de leurs voisins. Par exemple, on peut définir cette zone comme regroupant les populations d'origine musulmane parlant les langues turciques et iraniennes. Cette zone regroupe les cinq républiques ex-soviétiques (Kirghizistan, Tadjikistan, Ouzbékistan, Kazakhstan et Turkménistan), le Xinjiang chinois et le nord de l'Afghanistan. L'UNESCO, sur des critères climatiques rajoute à ce premier tracé le Tibet, la Mongolie et une partie de la Russie, de l'Inde, du Pakistan et de l'Iran.

Cette région, qui s'étend de la mer Caspienne à la Chine et du Kazakhstan à l'Afghanistan, possède des

**Page de droite**
*Poudreuse partagée en famille au-dessus du lac Sevan en Arménie.*

caractéristiques géographiques et climatiques communes, telles que l'aridité, la continentalité dues à l'éloignement des mers et la nature endoréique de ses cours d'eau, ces derniers ne rejoignant pas la mer. De ses grands massifs montagneux que sont le Pamir (Tadjikistan), le Tian Shan (Xinjiang et Kirghizistan) et l'Hindou Kouch (Afghanistan) naissent les fleuves qui ont permis d'irriguer les plaines où se sont développées les grandes villes de la Route de la soie : Kashgar au Xinjiang, Boukhara et Samarcande en Ouzbékistan, Pendjikent au Tadjikistan ou encore Taraz au Kazakhstan. Ces centres de vie sont encore aujourd'hui des cités actives qui ont une histoire commune : la Route de la soie.

C'est vers les montagnes que nos regards se tournent. Les plus hautes se situent au sud-est de l'Asie centrale, dans l'Hindou Kouch et l'Himalaya. Mais le Pamir et le Tian Shan ne sont pas en reste avec leurs sommets à plus de 7000 mètres. Le Pamir est un massif carré, de presque 500 kilomètres de côté et d'une altitude moyenne de 4000 mètres. Quant au Tian Shan, il fait 2500 kilomètres de long et culmine à 7439 mètres avec le pic Jengish Chokusu. En termes de comparaison, les Alpes sont deux fois moins étendues et presque deux fois moins hautes.

Parler de voyage à notre époque, nous ramène inexorablement vers la notion d'impact climatique. Dans ce livre, on ne parlera pas d'*héliski* ou de *catski*, pratiques de plus en plus fréquentes dans le monde, mais seulement de peaux de phoques, de virages gagnés à la force de nos mollets. On tentera de naviguer à vue de petits villages en petits villages, au plus près des autochtones. Nous détaillerons également les moyens pour se rendre sur place sans prendre l'avion. Je l'ai souvent fait, et c'est une manière superbe d'entrer dans un voyage. Aller en Sibérie en train prend 85 heures depuis Moscou. Aller en Europe de l'Est prend 24 heures.

C'est une manière douce et progressive de pénétrer dans le voyage. Peut-être que la solution réside dans le fait d'en faire moins, mais mieux.

J'ai écrit ce livre sur les skis, dans le Transsibérien, sous une yourte au cœur de l'hiver, emmitouflé sous toutes mes couches, prêt à la réflexion et au lyrisme. J'ai tenté de me livrer sans fard, à l'écoute de mes souvenirs. Comme si la mémoire, le passé, s'invitait dans le présent. Je me suis hasardé à parler de ces peuples qui partagent mon quotidien depuis quinze ans, j'en suis même venu à apprendre un peu le russe, afin de pouvoir échanger quelques mots, le temps d'une soirée, d'un trajet ensemble. Je raconte ici mes galères, mes moments de solitude, mais aussi mes joies et mes moments de bonheur, si nombreux. J'ai réalisé tous ces voyages moi-même, souvent avec Charlotte, ma compagne, et parfois en compagnie de mes clients ou de mes amis. Chacun d'entre eux est une partie de ce livre.

Malgré la présence d'une partie pratique, ce livre ne se consulte pas comme un topo de randonnée. Il est loin d'être exhaustif, et je ne suis expert d'aucune de ces destinations. Il reste tellement à découvrir à l'Est. La connaissance, c'est comme l'horizon, une limite que l'on repousse sans cesse. Il vous guidera dans les premiers pas de votre préparation, mais l'essentiel reste à faire. Seul ou à mes côtés, partez vers les neiges d'Asie centrale.

**Ci-dessus**
*Suspendu au-dessus des eaux bleues du lac Baïkal en Sibérie.*

**Double page suivante**
*Moment de légèreté capté par Stéphane dans les forêts de Sibérie.*

# Sommaire

Carnet intime en « Neigistan » 04
Avant-propos 06

## De la France au détroit du Bosphore

France, Ubaye et Queyras 16
France, Corse 24
Italie, Dolomites 32
Balkans, Albanie et Kosovo 40
Grèce, massif du Pinde et le nord 50

## Du Bosphore aux portes de l'Asie centrale

Turquie, Kurdistan et Anatolie 60
Liban, monts du Liban et de l'Anti-Liban 70
Géorgie 78
Arménie 88
Iran, Alborz et Zagros 98

## L'Asie centrale

Ouzbékistan 108
Tadjikistan, Fansky et Pamir 118
Kirghizistan 128
Kazakhstan 136
Chine, Xinjiang 144

## Les confins du continent asiatique

Russie, Sibérie 154
Mongolie 162
Inde, Ladakh 170
Pakistan 180

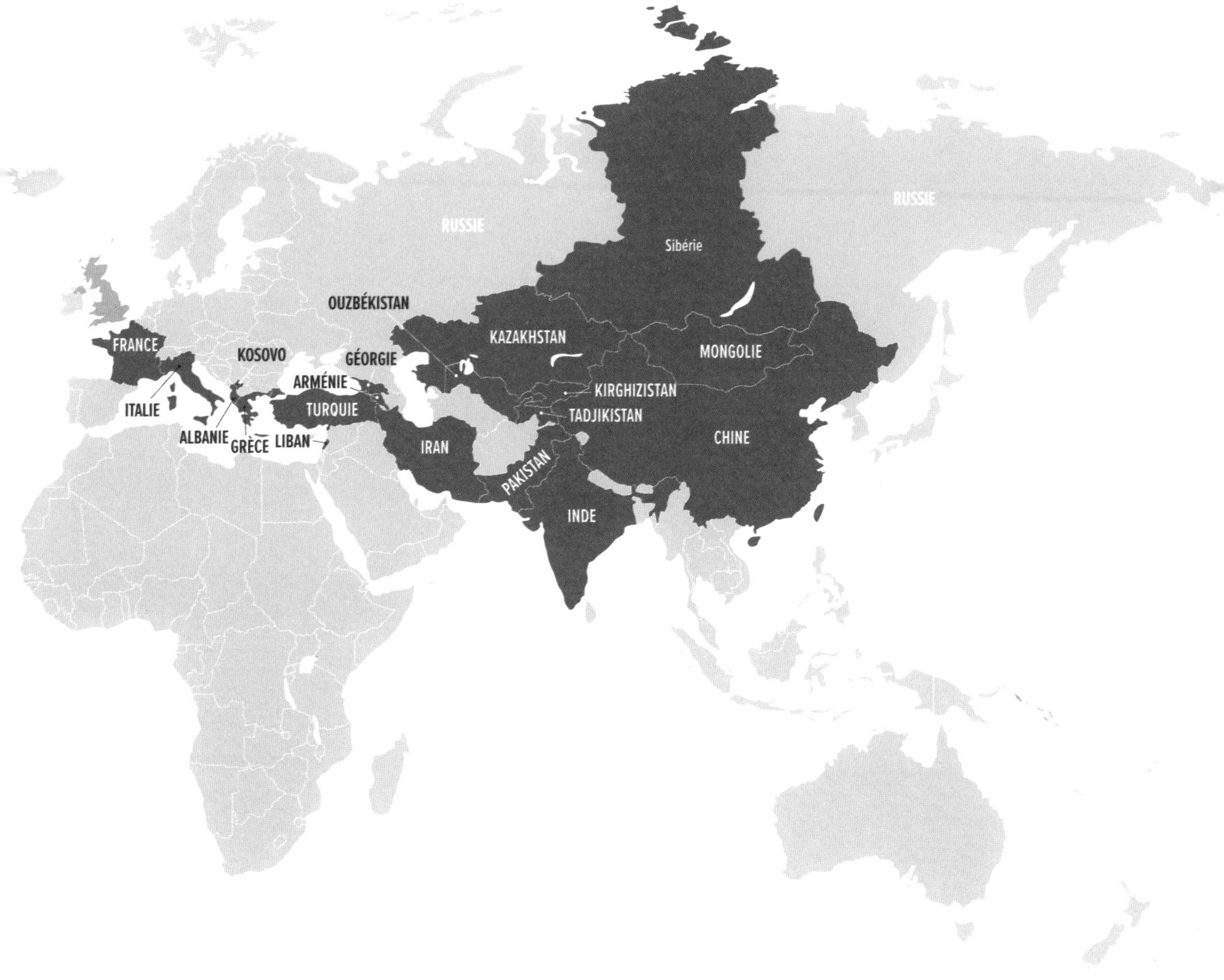


**Double page suivante**
*Coucher de soleil sur les Écrins depuis le bivouac Corradini lors de la traversée de l'Ubaye et du Queyras.*

# De la France au détroit du Bosphore

# France, Ubaye et Queyras

— À cheval sur la frontière franco-italienne entre Larche et Briançon

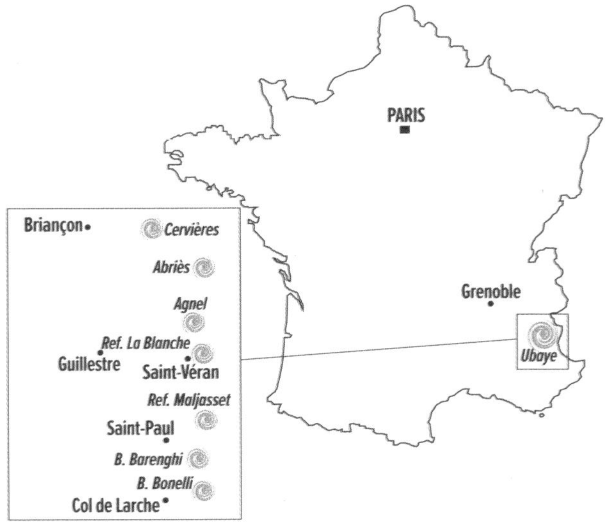


Premier voyage, et premier raid à ski itinérant. Allier l'itinérance à ski et les nuits en cabanes non gardées est une aventure profonde, souvent bien plus intense que celle que nous nous sommes imaginée depuis notre canapé.

Que nous soyons au bout du monde ou dans un massif alpin, les traversées seront toujours des raids à ski particuliers. Partir d'un endroit pour en rallier un autre implique de devoir avancer, s'engager dans la montagne. C'est une alchimie à trouver entre les bonnes conditions météo et nivologiques, la forme physique, l'organisation, comment se rendre au départ, comment rentrer de notre point d'arrivée… Et si nous ne passons pas ? La logistique et les incertitudes qu'elles imposent, c'est leur talon d'Achille. Et c'est pour moi ce qui les rend excitantes.

Ici, au cœur de la traversée de l'Ubaye et du Queyras, aussi loin du départ que de l'arrivée, perdu au milieu des montagnes, sans réseau téléphonique, on se sent vraiment en voyage. Que l'on soit dans les confortables refuges gardés du Queyras, ou même bien installé dans un bivouac rustique de l'Ubaye, le sentiment d'être loin de la maison est puissant, loin de notre routine d'en bas, la tête et l'esprit entièrement dévoués à notre aventure, à notre traversée à ski. Ici, il est fréquent de ne croiser personne pendant plusieurs jours. Et aussi fou que cela puisse paraître, en quittant le col de Larche, on perd aussitôt le réseau téléphonique, pour ne le retrouver qu'au refuge de la Blanche, quatre jours plus tard. Ce sentiment d'isolement que l'on ressent pendant cette

**Page de droite**
*Arrivée au futuriste bivouac Corradini, sur les crêtes de Dormillouse.*

**Double page suivante**
*Passage du col de Péas un jour de grand vent.*

« […] la frontière est une ligne imaginaire qui n'a que peu de valeur pour un skieur au long cours.

**Comment s'y rendre :** en train jusqu'à Gap, puis en taxi jusqu'à Larche. Retour en taxi.

**Période :** mi-février à fin mars.

**Où dormir :** cabanes non gardées et refuges.

**Matériel spécifique :** raid à ski non glaciaire, mais comportant des passages assez raides. Une paire de crampons et un piolet semblent indispensables.

**Cartes :** carte IGN 3536 OT et 3538 ET.

**Un livre :** *Blanc* de Sylvain Tesson.

première moitié du raid est à peine contrarié par la traversée du hameau de Maljasset. Ce fut la destination du voyage de noces de mes grands-parents, la chapelle de Maurin. À l'époque, c'était le bout du monde, avec une route à peine carrossable, où seules les carrioles desservaient ce hameau reculé. Ils écarquillaient les yeux quand on leur parlait d'Asie, nous qui ne connaissions même pas le pont du Châtelet, celui qui permet de rallier le hameau de Fouillouse, véritable attraction touristique de la vallée de l'Ubaye, construit en 1882.

Bien des années plus tard, j'en ai fait mon terrain de jeux et j'adore y revenir encore et encore, le traverser dans un sens, puis dans un autre, retrouver les copains, Odilon et son bain nordique, Grégoire et sa bière, autant de personnes qui font vivre ce territoire avec pugnacité et passion.

Pour ce raid à ski de Larche à Briançon, nous traversons deux massifs, l'Ubaye et le Queyras. Bien fournies en confortables bivouacs et refuges, pourvues d'innombrables cols et divers couloirs qui permettent de nombreux passages entre les vallées, ces montagnes sont taillées pour le ski de randonnée. Larche-Briançon, c'est un peu « le raid », « la haute route » des Alpes du Sud. Nous cheminons au milieu de montagnes imposantes, tout en restant dans un niveau technique abordable.

La première partie du raid s'organise autour de nuits en cabanes non gardées. Il faut moduler la journée en conséquence : ne pas arriver comme une fleur à 18 h, au risque de trouver l'abri déjà bien occupé, et dormir sur ou sous une table. Je me rappelle ce Nouvel An 2017, quand, au milieu de notre traversée, nous avions dormi au bivouac Barenghi. Attablés à quatre, à l'étroit dans le petit espace qui sert de pièce de vie, nous parlions des traversées hivernales de migrants à travers les cols des Alpes. Quelle ne fut pas notre stupeur quand, quelques minutes plus tard, vers 22 h, la porte contre laquelle j'étais adossé s'ouvrit ! Je me retrouvais à plat dos, dehors, dans la tempête. Pourtant, au-dessus de moi, ce ne sont pas quelques migrants que je découvris, mais sept militaires, trop peu préparés. Peu après, les pauvres gars bien fatigués se serrèrent en binôme sur les couchettes exiguës du bivouac, pour ne pas nous déranger.

Pendant les trois premiers jours, nous allons danser autour de la frontière. Nous passerons tous les jours en Italie, puis en France, et vice versa. Autant de passages qui montrent que la frontière est une ligne imaginaire qui n'a que peu de valeur pour un skieur au long cours. Il est à noter que ces jolis bivouacs où nous dormons se situent toujours du côté italien de la frontière. Ils sont nés, la plupart du temps, d'initiatives privées, hommages de familles touchées dans leur chair, par la perte d'un être cher.

La fin du raid se déroule dans la vallée du Bourget, sur les terres des Fonts de Cervières. On pourra profiter d'une nuit de plus au refuge Mautino, où l'on mange particulièrement bien. Nous gardons tous le souvenir de Marco se faisant un plaisir de nous accueillir avec toute la gentillesse italienne, une bouteille de grappa à la main. Une belle façon de finir cette traversée, dans les mélézins et sous le soleil des Hautes-Alpes.

**Page de droite**
**En haut**
*Derniers efforts avant le sommet du pic de Caramantran, sur fond de tête des Toillies lors de l'étape n° 5.*

**En bas**
*Théo en finit avec un couloir au-dessus du bivouac Sartore sur les pentes italiennes de l'Ubaye.*

**Page suivante**
*Max et Xavier posent, assortis au bivouac Barenghi en Ubaye.*

C.A.I.
sezione di cuneo
bivacco
beppe barenghi
m. 2815

## LES ITINÉRAIRES

Ce raid à ski peut se parcourir dans les deux sens, mais présente plus d'intérêt du sud au nord, car on remontera des pentes sud, souvent plus stables, pour skier des pentes nord, souvent poudreuses. Il est aussi logistiquement plus simple dans ce sens, car on commence par la partie en cabanes non gardées.

**1. COL DE LARCHE – BIVOUAC BONELLI**

Après avoir franchi le col de Feuillas, et descendu la pente raide de sa face est, passer devant le bivouac Valmaggia. Remonter au col de l'Enchiausa, et basculer à l'ouest pour rejoindre le bivouac Bonelli.
D+ : 1100 m ; D- : 750 m

**2. BIVOUAC BONELLI – BIVOUAC BARENGHI**

Passer le Passo della Cavalla, pour redescendre dans le vallon du bivouac Sartore. Rejoindre ensuite successivement le col de Sautron, de la Portiolette, du Vallonet et enfin de Stroppia. Il reste une petite remontée pour rejoindre le bivouac Barenghi.
D+ : 1300 m ; D- : 850 m

**3. BIVOUAC BARENGHI – REFUGE DE MALJASSET**

Rejoindre le col de l'Infernetto qui peut se skier intégralement. Remonter au col de Ciaslaras, puis du Marinet, pour se laisser glisser jusqu'à Maljasset.
D+ : 450 m ; D- : 1300 m

**4. REFUGE DE MALJASSET – REFUGE DE LA BLANCHE**

Après être passé devant la chapelle de Maurin, remonter l'immense vallon de l'Ubaye jusqu'au col du lac noir. Redescendre sur le refuge de la Blanche.
D+ : 1100 m ; D- : 450 m

**5. REFUGE DE LA BLANCHE – REFUGE AGNEL**

Passer simplement le col de Chamoussière, non sans faire un détour par le pic de Caramantran.
D+ : 500 m ; D- : 400 m

**6. REFUGE AGNEL – ABRIÈS**

Descendre la route enneigée jusqu'au pont de Lariane. Puis passer facilement le col du Fond de Peynin, et remonter au col de la Lauze pour enfin rejoindre Abriès.
D+ : 1000 m ; D- : 2 000 m

**7. ABRIÈS – CERVIÈRES**

Remonter jusqu'au col du Malrif, puis descendre sur les Fonts de Cervières et enfin sur le village de Cervières. Si on veut ajouter une journée, on peut au choix remonter sur les crêtes de Dormillouse pour trouver la cabane Corradini, ou alors rejoindre le col de Bousson pour rallier le refuge Mautino.
D+ : 1100 m ; D- : 1250 m

*L'équipe basque au bivouac Renato Montaldo, au sommet du pic Massour, accessible depuis Fouillouse.*

# France, Corse

— À ski au beau milieu de la mer, sur l'échine de l'île de Beauté

En Corse, les vallées sont profondes, les pentes raides, les arêtes effilées, la météo capricieuse, et l'engagement bien présent. Je sais qu'il est facile de trouver l'aventure dans des massifs géographiquement proches de chez nous ; ce n'est pas une question de distance.

**Page de droite**
*Descente de la Bocca alle Porte sur le refuge de Manganu.*

À peine débarqués à Ajaccio, on nous met dans l'ambiance. Le taxi nous lance un « jusqu'au Monte Cinto ? À ski ? Impossible ! » avec l'accent corse bien entendu. Une entrée en matière qui nous rappelle que le ski reste peu courant sur l'île. Malgré tout, l'Alta Strada, le pendant hivernal du GR® 20, la traversée de l'île de Beauté, est un raid à ski pratiqué chaque année. Mais il ne faut pas être dupe. Ici, on ne suivra pas la « trace », et on ne pourra compter sur personne. L'arrivée à Ajaccio est une douce façon de se mettre au diapason corse : un petit verre de vin rouge, un plateau de charcuterie et quelques mots échangés avec les autochtones. Une balade sur la plage, les pieds dans l'eau, permet de marquer le coup. On va skier au milieu de la mer. J'ai toujours adoré cette expérience : que ce soit une mer, un lac ou une rivière, les reflets sont magnifiques. Pour peu qu'il y ait quelques nuages, nous avons devant nous l'eau dans tous ses états. À plusieurs endroits de la traversée, si l'on regarde à gauche et à droite, on voit la mer des deux côtés, comme si nous suivions une colonne vertébrale serpentant du nord au sud.

Quand le taxi vient nous chercher, il fait encore nuit. Et alors que le fourgon noir, vitres teintées, nous emporte, nous nous imaginons dans un film de mafieux siciliens. Direction la station de ski du val d'Ese. Notre chauffeur

## LES ITINÉRAIRES

Ce raid à ski peut se parcourir dans les deux sens. La traversée du sud au nord permet de profiter de conditions stables en sud, et de neige plus fraîche dans les pentes nord.

### 1. STATION DU VAL D'ESE – REFUGE D'E CAPANELLE

Rejoindre tout d'abord les crêtes de Scaldacolo, puis celle de Pietradione pour rallier le Monte Renoso. D'ici on peut basculer sur le lac de Bastani et se laisser glisser jusqu'à la station.

D+ : 1200 m ; D- : 1250 m

### 2. REFUGE D'E CAPANELLE – COL DE VIZZAVONA

Après avoir remonté les pistes de ski, descendre par un petit couloir sur la fontaine de Giargalo Pinto, puis rejoindre la Punta dell'Oriente. La suite est typique du ski corse, où il faut se battre au milieu de la végétation pour traverser une forêt parfois dense, des canyons étroits, pour enfin déboucher sur la route.

D+ : 800 m ; D- : 1400 m

### 3. COL DE VIZZAVONA – REFUGE DE L'ONDA

Du col, le cheminement est évident jusqu'à rejoindre la crête à l'est de la pointe Muratello. D'ici, descendre à travers les barres rocheuses, pour rejoindre le refuge.

D+ : 1050 m ; D- : 800 m

### 4. REFUGE DE L'ONDA – REFUGE DE PETRA PIANA

Une traversée d'arête suspendue dans le ciel. Après avoir rejoint les crêtes de Serra di Tenda, faire un petit rappel et une traversée en face est, pour récupérer la crête que l'on remonte jusqu'à la pointe de Pinzi. Continuer sur la crête de Serra Bianca, puis traverser à flanc sous la pointe Murace pour atteindre les bergeries de Gialgo. Une dernière remontée permet de trouver le refuge.

D+ : 800 m ; D- : 400 m

### 5. REFUGE PETRA PIANA – REFUGE MANGANU

Du refuge, passer la crête descendant de la Maniccia, et traverser jusqu'à la Bocca Muzzella et le col de Rinoso. Atteindre le lac de Melo, puis celui de Capitello et enfin la Bocca alle Porte. La descente se fait versant ouest jusqu'au refuge.

D+ : 850 m ; D- : 1050 m

### 6. REFUGE MANGANU – COL DE VERGIO (CALACUCCIA)

Rejoindre le lac de Nino, puis, une fois à la Bocca a Stazzona, descendre dans les pentes raides par un cheminement compliqué jusqu'aux bergeries de Colga, et enfin jusqu'à la maison forestière de Popaghja.

D+ : 250 m ; D- : 750 m

### 7. CALACUCCIA – ASCO

Depuis la piste forestière au-dessus de Lozzi, rejoindre le refuge de l'Erco, puis le lac du Cinto. Au lac, on vise la Bocca Crucetta. Du col, se diriger vers le point 2 499 m, d'où part le couloir nord direction Asco.

D+ : 1000 m ; D- : 1050 m

*Départ matinal du refuge de Petra Piana, l'un des plus beaux du parcours.*

Comment s'y rendre : en avion sur l'aéroport d'Ajaccio.

Mobilité douce : en train pour rejoindre Toulon, Marseille, ou Nice, puis en bateau pour rallier Ajaccio.

Période : février/mars.

Déplacement/logistique : en taxi et en train.

Où dormir : les refuges sont tous ouverts et non gardés. À l'hôtel dans les villages.

Matériel spécifique : crampons acier, un vrai piolet, un petit baudrier et une corde.

Cartes : IGN 4252 OT, 4251 OT, 4250 OT

Une musique : *Canta u Populu Corsu – L'armata di l'ombra*, un chant indépendantiste.

n'est pas moins explicite que son collègue quant à notre absence de chances de réussite, mais lui au moins nous encourage : « Au fait, les gars, bonne chance, et surtout bon courage ! » Trente minutes après avoir quitté la station, nous n'avons plus de réseau téléphonique et, passé les crêtes de Scaldasole, il n'y plus aucune trace ni âme qui vive. C'est aussi à cet endroit précis que l'on croisera la seule et unique personne à skis de toute notre traversée ! Un papi corse, seul, qui ne manquerait pour rien au monde sa sortie annuelle tant qu'il y aura encore de la neige sur l'île. Espérons qu'elle lui survive. Le vallon des bergeries de Pozzi est désert, il ne doit pas faire bon y rester bloqué. Ici, quand la neige disparaît, c'est pour laisser place au maquis, dense et impénétrable. Rien qu'à l'entendre, ce mot donne des frissons. En Corse, on ne s'échappe pas vers le bas, car il est souvent bien plus difficile de pénétrer dans le maquis que de continuer sa traversée.

Les journées en montagne commencent par un beau soleil, se poursuivent dans la tempête et finissent sous la pluie en marchant sur la route… Ça fait rêver, non ? L'aventure comporte son lot d'expériences plaisantes ou déplaisantes, et la météo est toujours là pour pimenter la situation. Dans le village de Vizzavona, après notre descente de la Punta dell'Oriente à la boussole, nous tombons sur un vieux Corse avec un accent à couper au couteau. Assis sous la pluie, il nous dit d'un ton traînant et péremptoire : « La météo de demain ? Ici on la regarde par la fenêtre le matin, c'est là qu'elle est la plus juste ».

Les pauses dans les villages sont invariablement des occasions de rencontres fortes. Tout d'abord à l'hôtel *Castellu*, le seul établissement de la région ouvert en plein hiver. L'entrée en matière fut quelque peu poussive, après que mon ami Stéphane a failli faire brûler la chambre en faisant sécher son bonnet sur une ampoule. Nous avons passé une soirée sur le thème de la gastronomie et des chants corses, le tout arrosé d'un vin local exquis. Ce soir-là, il n'y avait que des Corses et notre petite tablée de *pinzutu*[1] détonnait autant qu'un groupe de touristes chinois à l'aiguille du Midi. La Corse hors saison, c'est exceptionnel.

*Le premier refuge du parcours, spartiate, permet de se mettre dans l'ambiance.*

Passé le col de Vizzavona, on s'enfonce plus profondément dans la Corse sauvage, avec quelques dizaines de kilomètres sans route, et surtout, trois nuits en refuges non gardés. C'est aussi le début de quatre jours en autonomie totale. Les sacs sont lourds et l'excitation est à son comble. La montagne hivernale n'est que très peu

> « [...] on voit la mer des deux côtés, comme si nous suivions une colonne vertébrale, serpentant du nord au sud.

fréquentée sur l'île et les cochons sont tous rentrés au village depuis longtemps. Ces étapes au milieu du raid sont enchanteresses. On louvoie sur des arêtes où le vide se fait sentir de part et d'autre, et le passage par les lacs de Melo et de Capitello a des allures de Sibérie, car nous naviguons sur des étendues gelées.

La traversée de la vallée du Tavignano par une météo dantesque est un grand souvenir de guidage. Le temps était tellement exécrable qu'il était presque impossible d'utiliser le GPS. Nous nous mettions alors en cercle, pour nous protéger des rafales de vent et de neige, et nous sortions la carte. Ainsi, à l'aide de la boussole et des points remarquables préparés la veille, nous suivions des azimuts. Heureusement, au bout d'un moment à errer sur ces grands plateaux, nous avons aperçu de la végétation au milieu du brouillard, dans une ambiance digne d'un film de Tim Burton.

Pour finir en beauté cette traversée, il faut franchir le massif du Monte Cinto : la plus haute montagne de l'île. La descente se déroule dans un canyon de 1 000 mètres de dénivelé entouré de hautes parois, pour enfin arriver à Asco par une forêt de pins Laricio, variété endémique de l'île de Beauté. Après une bonne Pietra pour débriefer cette traversée, on rejoint Corte, connue pour ses fameuses soirées étudiantes insulaires, dont la réputation n'est plus à faire. Pour nous, ça sera un double Cinto-nic[2].

1 — Touristes continentaux en langue corse.
2 — Pas de panique si vous n'avez pas compris la blague de mon ami Raph, le barman non plus.

**Double page précédente**
*Le groupe au complet sur la colonne vertébrale de l'île, sur les crêtes entre le refuge de l'Onda et celui de Petra Piana.*

**Ci-contre**
*Ambiance Grand Nord sur le lac de Capitello, gelé en hiver.*

# Italie, Dolomites

— Pizza, pasta et cathédrales de roche

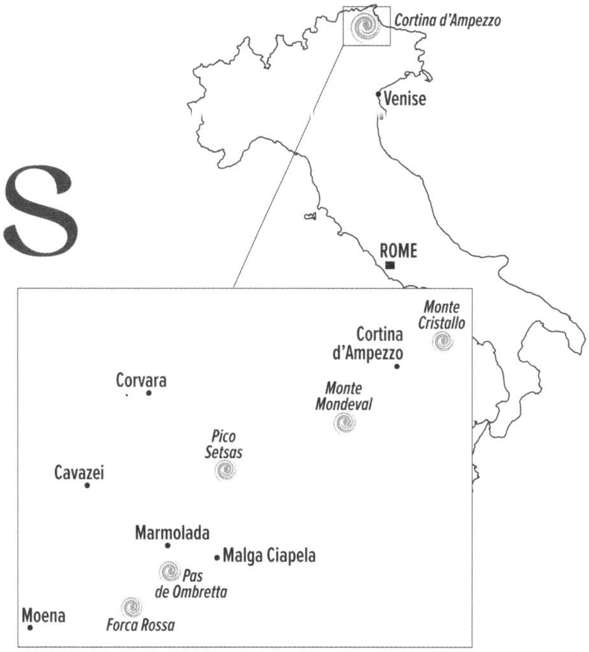


Les Dolomites sont une exception en Italie, autant linguistique, culturelle que géologique. Ce massif à part recèle mille itinéraires pour le skieur de randonnée avide de grands espaces, de ski plaisir, mais aussi de pente raide. Avec la certitude de manger une savoureuse pizza autour d'un bon feu le soir venu.

Depuis quelques années, on me sollicite pour aller dans les Dolomites, mais cela ne m'attirait pas vraiment. J'y ai déjà grimpé un peu et je sais à quel point ces montagnes sont magnifiques. Mais la surabondance de domaines skiables et l'impossibilité de faire de longues traversées à cause d'un réseau routier omniprésent m'avaient jusqu'alors rebuté. Cette année-là, la neige est complètement absente des Balkans, des Abruzzes et même du Moyen-Orient. Nous sommes face à un choix cornélien : partir faire du bon ski à l'autre bout du monde ou rester dans les parages pour limiter nos déplacements ? Les Dolomites s'imposent comme la solution, dépaysantes sans être trop loin et suffisamment enneigées, comme souvent.

Au fil des journées de ski, on pourra voir presque partout des vestiges de la Grande Guerre. Appelée ici *guerre blanche*, elle opposa les armées italiennes aux armées austro-hongroises sur le front alpin de 1915 à 1918. Avant la guerre, le massif appartenait aux Austro-Hongrois, puis la région fut annexée par l'Italie après la Première Guerre mondiale, parfois contre la volonté des habitants. On est surpris de constater que le ladin des Dolomites, la langue régionale, est encore souvent parlé.

**Double page suivante**
*Beau temps et surtout belle neige pour Charlotte et moi-même au Lastoni di Formin.*

Stéphane dans le couloir final de la magnifique traversée du Passo Cristallo.

**Comment s'y rendre**: en transport en commun jusqu'à Venise, puis en voiture.

**Mobilité douce**: il est possible de skier en prenant le bus dans ce massif.

**Période**: tout l'hiver, mais, fin mars, les stations ferment.

**Où dormir**: il y a un vaste réseau hôtelier dans le massif, mais toujours assez cher.

**Matériel spécifique**: même si les itinéraires ne sont pas glaciaires, il faudra prévoir les piolets et les crampons pour les couloirs raides.

**Un livre**: *Alpini: De roc, de neige et de sang* de Gérard Guerrier, pour se replonger dans la Grande Guerre.

Soyons honnêtes, l'italien est parlé presque partout, et comme c'est une langue d'origine latine, comme le français, on imagine que ce ne sera pas une barrière dans la communication. Eh bien, une fois sur place c'est tout autrement, notamment quand on demande si on peut prendre le petit déjeuner tôt le matin ou si on peut revenir demain pour réserver une chambre. Après quelques tentatives de communication, on se regarde dans le blanc des yeux, la tenancière d'une pizzeria de Malga Ciapela et moi. Même à quelques centaines de kilomètres, la barrière de la langue est présente. C'est à ce moment que deux couples d'Italiens entrent dans l'auberge et d'une voix puissante et retentissante, contraste saisissant dans cette petite échoppe vieillotte et poussiéreuse, s'exclament: « *Buonasera, possibile mangiare la pizza ?* » Nous éclatons de rire… Finalement, nous comprenons l'italien.

La majorité des groupes venant skier dans les Dolomites font ce qu'on appelle l'Alta Via, la haute route des Dolomites. Cet itinéraire classique traverse le massif de part en part, en faisant prendre chaque jour des remontées mécaniques ou des taxis. Notre première sortie se déroule sur la première étape de cette traversée. Nous voulions franchir le col de Forca Rossa. C'était sans compter avec les 50 centimètres de neige fraîche tombée

« La grappa e offerta ! » [...] Les Italiens savent recevoir.

la veille. Malgré l'impressionnante réactivité des Italiens pour le déneigement des routes, l'accès au refuge Flora Alpina est quelque peu scabreux. Une fois sur les skis, ce n'est pas mieux. La trace est épuisante à faire, dans une neige profonde à souhait, et tous les 50 mètres nous entendons les affaissements et la propagation de ruptures de couches fragiles, dans un bruit sourd. Autour de nous, toutes les pentes à plus de 30 degrés d'inclinaison partent en avalanche. Heureusement, l'itinéraire du col de Forca Rossa permet de rester dans des pentes douces. Le soir venu, nous nous retrouvons dans une auberge de Palue où nous sommes tombés par hasard sur une pizzeria-auberge. Nous engloutissons les pizzas les unes à la suite des autres. Et c'est dans cette ambiance sombre, scrutés de toute part par les têtes d'animaux, trophées de chasse du patron, que nous buvons une dernière grappa au comptoir : « *La grappa e offerta !* » (« La grappa est offerte ! ») Les Italiens savent recevoir.

Le secteur du Passo Sief recèle tout le charme de la moyenne montagne dolomitique. Les forêts, les petits chalets abandonnés aux rudesses de l'hiver et les alpages recouverts d'un épais manteau blanc. Jouant aux équilibristes, et dansant autour du col, nous nous arrêtons au soleil pour pique-niquer dans une cabane non gardée sous le Pico Setsas. Quel dur retour à la réalité de voir les innombrables barbelés éparpillés. Nous levons la tête et découvrons les grottes et meurtrières taillées par des hommes, ainsi que des tranchées creusées dans la roche. Une balade dans les vestiges de la Grande Guerre suffit à faire retomber l'impression de légèreté d'une belle journée d'hiver ensoleillée.

Après la douceur des alpages enneigés, nous avons voulu goûter à la verticalité de la dolomie au Monte Cristallo. Une première impression de complexité émane de cette montagne. Sur le papier, la traversée du Passo n'est pas

bien méchante, alors que sur le terrain il en va autrement. Nous sommes les premiers à passer, cet hiver, et peu de neige recouvre les pierriers du versant sud. Les longues traversées à flanc de montagne sont impressionnantes, car elles plongent tout droit dans un grand ravin qui semble nous aspirer. Les derniers 50 mètres se font à pied, skis sur le dos, dans une pente très raide. Pour nous accueillir au col, nous apercevons les restes d'une casemate datant de la guerre. Mais pourquoi les hommes sont-ils venus jusqu'ici pour s'entretuer ? Nous aurons 1 300 mètres de descente en poudreuse pour y réfléchir.

**Page de gauche**
*Neige parfaite autour du Pico Set Sas, tout près du Castello.*

**Ci-dessus**
*Florent contemple les projets suivants, autant en escalade qu'à ski, les Dolomites regorgent d'itinéraires magnifiques.*

**Double page suivante**
*Charlotte sous la Cima Ambrizzola, plâtrée de neige fraîche.*

## LES ITINÉRAIRES

Dans les Dolomites, il y en a des itinéraires en tous genres, des longs, des courts, des raides, des vallonnés. Il y a quelques cabanes non gardées, et des refuges gardés, qui permettent de faire de petits raids.

**1. COL DE FORCA ROSSA (2 480 M) EN TRAVERSÉE SUD-NORD**

Du parking juste avant le rifugio Flora Alpina, remonter jusqu'au col. La descente s'effectue de l'autre côté, jusqu'au hameau de Franzedaz, où l'on prendra la piste qui nous amène à Malga Ciapela.
D+ : 700 m ; D- : 1100 m

**2. PAS DE OMBRETTA (2 702 M)**

Rejoindre le rifugio Falier en suivant les panneaux. Arrivé sous la gigantesque face sud de la Marmolada, longer vers le nord-ouest jusqu'au col, et son magnifique Bivacco Dal Bianco. La descente s'effectue par le même itinéraire.
D+/- : 1250 m

**3. TOUR DU PICO SETSAS (2 429 M)**

Le départ de la randonnée se trouve entre le hameau de Contrin et celui de Corte. S'élever à travers les petits chalets jusqu'à sortir de la forêt. Une fois au col sous le Pico Setsas que l'on rejoint par des pentes plus raides, on peut finir à pied jusqu'à la croix. Descendre à l'est jusqu'à la forêt, puis revenir par le Passo Sief, voir le Monte Sief si les conditions le permettent.
D+/- : 1000 m

**4. MONTE MONDEVAL ET LASTONI DI FORMIN (2 657 M)**

Sur la route versant nord du Passo Giau se garer à 1970 m. Partir plein sud vers le Forcella Giau, puis continuer vers le sommet du Monte Mondeval (2 455 m). Descendre jusqu'à la cabane à 2 150 m pour remonter au Forcella de Formin, puis à la Ponta Lastoi de Formin. La descente s'effectue au nord, le long de la Cima Ambrizzola jusqu'à la route.
D+ : 1100 m ; D- : 1500 m

**5. PASSO CRISTALLO (2 806 M), TRAVERSÉE SUD-NORD**

Se garer au Passo Tre Croci, puis prendre la piste qui monte vers le Cristallo. Vers 2 250 m, commencer les grandes traversées suspendues jusqu'au col, qu'on atteint par une courte pente raide. La descente se fait versant nord, où il faut faire attention à la grosse crevasse rive droite. Ne pas rater le petit canyon à la descente, qui permet de passer la grosse barre rocheuse. Retour en bus via Cortina d'Ampezzo.
D+ : 1000 m ; D- : 1400 m

# Balkans, Albanie et Kosovo

— Le paradis sauvage
des montagnes Balkaniques

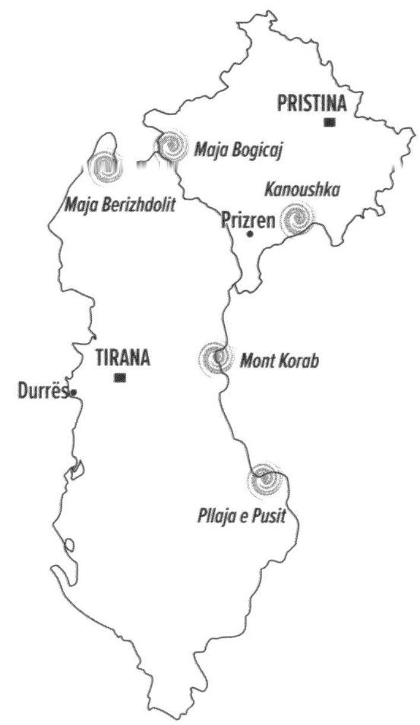


Arrêt en péninsule balkanique pour skier à travers les montagnes albanaises et kosovares. Ici, la vie rurale et ses traditions nous accompagnent à chaque pas. Entre chaleur humaine et rigueur de l'hiver, les Balkans sont tout en puissance. Les montagnes, bien que d'altitudes modérées, sont noyées chaque hiver sous des mètres de neige. C'est, d'après certains, la zone la plus enneigée de la région.

L'Albanie souffre d'une histoire tragique, avec l'une des dictatures les plus sévères jamais connues, sous l'égide d'Enver Hoxha, qui plongea le pays dans une crise sans précédent, notamment à cause de la construction de milliers de bunkers inutilisés. Concernant le Kosovo, c'est une guerre sanglante contre l'ex-Yougoslavie, puis contre la Serbie qui l'a détruit. La société albanaise est toujours attachée à ses coutumes, voire ancrée dans de vieilles traditions ubuesques telles que celle du *Kanun*. Toujours pratiqué, notamment dans les montagnes du nord de l'Albanie, ce code coutumier est fait de règles régissant les aspects de la vie quotidienne, comme les règlements de comptes entre familles. Parmi elles, il est dit que l'homme ne peut être tué devant sa femme, que chaque vie humaine se rachète par une autre, choisie dans la famille de l'agresseur, que la vengeance ne peut se produire à l'intérieur de la maison du meurtrier, etc.

**Page de droite**
**En haut**
*La vue s'élargit sur le Kosovo lors d'une montée en forêt près du col de Prevallë.*

**En bas**
*Temps propice à la flânerie sur les rives du lac d'Ohrid côté albanais.*

*Les montagnes autour du Maja Bogicaj et du plus haut pic du Kosovo, le Gjeravica, sont parfaitement taillées pour le ski de randonnée.*

Comme toutes ces régions méditerranéennes où nous poussons nos skis, les Balkans présentent plusieurs facettes. Le territoire se partage entre mer et montagne, falaises calcaires vertigineuses et plages de sable fin, torrents bondissants et marais salants. Bien que ce soit une destination balnéaire moins connue que ses voisins grecs ou croates, ses mers Ionienne et Adriatique apaisent le caractère sauvage et abrupt des paysages de l'arrière-pays. Cette péninsule balkanique se nommait *Haemus* dans l'antiquité, ce qui voulait dire « montagneux » ; pour l'instant, nous sommes bien tombés.

Deux zones montagneuses vont retenir notre attention. La première à l'ouest, que l'on appelle les Alpes dinariques. La seconde, à l'est, est un vaste ensemble de moyennes montagnes, où l'on trouve la seule vraie station de ski : Brezovica.

Lors de cet hiver 2022 particulièrement glacial dans les Balkans, après une traversée de la mer Adriatique quelque peu mouvementée, nous mettons le cap à l'est vers le lac d'Ohrid. Vingt-quatre heures après avoir mis le pied sur le sol albanais, nous descendons à ski le versant ouest du Pllaja e Pusit, qui surplombe Pogradec

et le lac d'Ohrid. L'accès à la montagne par de petites pistes reliant les villages de fermiers est chaotique, mais typique. La rencontre avec un troupeau de moutons qui ne compte pas libérer la piste nous fera perdre plus d'une heure, mais nous propulse dans le voyage de la plus belle des manières.

En remontant vers le nord, nous n'avons pas pu résister à l'attraction qu'exerce le mont Korab, le plus haut sommet du pays avec ses 2 764 mètres. Les températures glaciales de ce mois de janvier nous poussent à entrer dans la première auberge, à la recherche d'un peu de chaleur.

## LES ITINÉRAIRES

Il y a de quoi choisir en fonction des quantités de neige et de la météo, les montagnes plus raides et alpines dans le nord-ouest, ou alors des sorties plus douces et skiantes dans le sud-est. On pourra se décider en fonction des envies, une fois sur place. Voici un échantillon de chacune de ces destinations pour vous mettre le pied à la fixation et vous donner envie de découvrir les montagnes des Balkans.

**1. MAJA BOGICAJ (2 406 M)**
Après le monastère de Dečani, se garer à la deuxième grosse épingle à cheveux. Remonter la vallée jusqu'à un hameau. Une multitude de combes, vallons, crêtes et sommets s'offrent ensuite à vous. Il est également possible de gravir le Gjeravica (2 656 m).
D+/-: 1300 m

**2. KANOUSHKA (2 571 M)**
Depuis le col de Prevallë, atteindre le Guri i Prevallë facilement, puis continuer sur la même crête. Vers 2 100 m, descendre en traversée vers l'ouest, pour gagner le pied du vallon du Kanoushka. Le remonter au mieux jusqu'au sommet.
D+/-: 1100 m

**3. PLLAJA E PUSIT (2 288 M)**
Depuis le village d'Alarup, au-dessus du lac d'Ohrid, monter par une piste vers le nord, puis vers le sommet à travers les alpages. Au sommet, on trouve les vestiges de plusieurs bunkers.
D+/-: 1200 m

**4. MAJA BERIZHDOLIT (1979 M)**
Du col routier de Lëpuchë, se diriger vers le sud à travers des clairières jusqu'à une bergerie. Il est ensuite possible de rejoindre le col à l'est du Maja Berizhdolit, ou alors le sommet en lui-même, mais c'est plus raide. Ici, il est facile de composer des itinéraires en boucle, il y a beaucoup de choses à faire à ski !
D+: 650 m

**5. MONT KORAB (2 764 M)**
Depuis le village de Radomirë, partir le long d'un sentier qui borde un ruisseau vers l'est, puis évoluer à travers une forêt de conifères. Cheminer dans un grand vallon vers le sud-est, puis par une crête en direction du nord pour rejoindre le sommet.
D+/-: 1500 m

**Comment s'y rendre :** en avion sur Pristina ou Tirana.

**Mobilité douce :** en bateau depuis l'un des ports italiens de la mer Adriatique, pour rejoindre Durrës, en Albanie.

**Période :** le cœur de l'hiver semble être la meilleure période.

**Déplacement/logistique :** le plus simple est de louer une voiture pour rayonner dans le pays, sinon faire appel à un prestataire.

**Où dormir et manger :** on trouve de petites pensions partout.

**Formalité :** carte d'identité ou passeport.

**Matériel spécifique :** une paire de petits crampons et un petit piolet, pour les éventuelles pentes raides.

**Monnaie :** le Kosovo a adopté l'Euro comme monnaie nationale. En Albanie, c'est le Lek.

Quatre murs froids entourent l'unique pièce de ce petit restaurant, au centre de laquelle les habitués du village s'agglutinent autour d'un petit poêle à bois, la tête dans le nuage de fumée de leurs cigarettes et les yeux rivés sur leur jeu de cartes. Mais les sourires du patron et la bonne soupe faite maison nous incitent à nous installer ici pour la nuit. On nous réserve un cheval pour le lendemain et c'est accompagnés de deux nouveaux compagnons que nous partons pour l'ascension du mont Korab. La neige est froide et sèche, comme celle que l'on trouve au cœur de l'hiver. Pas question de se faire berner par la proximité de la mer Adriatique, le froid est saisissant.

Encore plus au nord, les Alpes dinariques sont un chaos de vallées et de sommets qui, par leurs reliefs accidentés typiques des massifs karstiques et la présence de peu de cols, rendent l'exploration plus technique que ce qu'on pourrait imaginer au vu de l'altitude modeste des sommets. Il faut éviter toute improvisation et avoir des plans de repli en cas de brusque changement météo. Cela nous est arrivé quand neige et brouillard se sont joints à la partie. Nous étions alors bloqués au col de Lëpuchë… une aubaine, finalement ! Nous avons pu flâner de ferme en ferme, skis aux pieds, à la rencontre des habitants. Le terrain autour de Lëpuchë est propice au ski en forêt, par conditions instables.
Quelque temps avant d'arriver sur place, j'échange avec un certain Adriatik, un guide de randonnée local. Il me parle de ses montagnes, de son village haut perché et baigné de neige et de soleil. Le paradis, en quelque sorte. L'hospitalité kosovare n'est pas une légende. Il nous faudra une longue journée de peaux de phoque pour atteindre son chalet, les sacs chargés de victuailles. Ici, on sait vivre, et il n'est pas question de passer une soirée sans goûter à la gastronomie locale. Chargés de kilos de

**Double page précédente**
*Instant plaisir et grandes courbes au beau milieu des montagnes du Kosovo, vers le Maja Bogicaj.*

**Ci-dessus**
*Les fameux bunkers construits sous Enver Hoxha. En toile de fond, le mont Korab se cache dans les nuages.*

**Page de droite**
**En haut**
*Les vendeurs de miel du col de Prevallë au Kosovo.*

**En bas, à gauche**
*La nourriture de cette région est particulièrement bonne, au carrefour des cultures gastronomiques venant de l'est et de l'ouest.*

**En bas, à droite**
*Le monastère de Dečani, classé à l'UNESCO, est un haut lieu du Kosovo, autant culturel que religieux, et tristement célèbre dans l'actualité contemporaine.*

derby

fromage, de charcuterie et d'alcool local, on ne risque pas de mourir de faim, de soif ou de froid. Au petit matin, toute notre troupe se met en marche vers le sommet. Et s'ensuit un festival d'abandons, casse de matériel, peur de la pente. Le matériel hors d'âge y est pour beaucoup. Nous finissons notre journée à enchaîner les descentes au-dessus du chalet, seuls au milieu de l'immensité des Alpes dinariques.

Le sud-est du Kosovo, quant à lui, regorge de coins confidentiels. Le col de Prevallë offre une centaine de kilomètres de combes vierges. Le samedi, c'est un capharnaüm monstrueux avec des kilomètres de bouchons, les gens abandonnant leurs voitures au milieu de la route pour aller toucher la neige. Des centaines de badauds venus de Pristina s'amusent et descendent l'unique piste de ski par tous les moyens disponibles : skis, luges, sacs plastiques collés aux fesses. Le « fil neige » sorti d'un autre temps a toutes les peines du monde à remonter toutes ces personnes sur les 50 mètres de dénivelé de la colline. D'autres vendent du miel, ou discutent. C'est un concentré de vie kosovare. Le soir venu, le calme revient et nous profitons d'un repas succulent. Les Kosovars affectionnent les grands plateaux garnis de diverses spécialités régionales. Une dizaine de plats, en petites portions, pleins de légumes, de viandes et surtout mille couleurs et saveurs. Servis avec un vin rouge local, c'est un régal. Pour le ski de randonnée, le choix est vaste : itinéraires faciles ou sorties plus sérieuses. Les premiers sont souvent en neige poudreuse, avec de beaux reliefs pour s'amuser. Quand on monte plus haut, les pentes se raidissent, les sommets se font plus acérés et surtout on pénètre dans le domaine de la haute montagne. Il n'y a que peu d'informations sur la zone et souvent, comme ce sont les mêmes itinéraires qui sont tracés, les esprits aventureux trouveront matière à explorer.

*Montée au Pllaja e Pusit au-dessus du lac d'Ohrid.*

# Grèce, Massif du Pinde et le nord

— Entre le bleu du ciel et de la mer, un blanc immaculé

Skier en Grèce n'est pas commun. Étant catalogué comme une destination «plage et soleil», le pays recèle pourtant de magnifiques massifs montagneux de caractère, aux petits villages accueillants et aux traditions bien ancrées. Quand le vent vous offre un peu de répit, c'est le moment de tracer de belles courbes, sur une neige scintillante, qui se fond dans le miroitement des lacs et de la mer.

Avec ses chênes kermès, ses senteurs de romarin, ses maisons en chaux aux volets bleus et ses petits ports où le poisson frétille sur les ponts des bateaux de pêche, la Grèce est la destination estivale idéale pour passer ses vacances. Et j'y ai passé la plupart de mes étés, en famille. Depuis les petites îles des Cyclades aux multiples possibilités d'activités jusqu'au Péloponnèse chargé d'histoire, mes parents ont trouvé dans ce pays un terrain de jeu parfait pour une grande famille. Mais depuis quelques années ce sont les destinations enneigées qui guident mes choix de voyages. La Grèce, l'hiver? Idée peu intuitive de prime abord, et pourtant, en y regardant de plus près, on y trouve des montagnes enneigées partout. Au sud, dans le Péloponnèse, et même en Crète, la plus grande île du pays. Autour du canal de Corinthe avec la station de ski de Parnassos, ou encore au nord-est, avec le massif du mont Olympe et du mont Athos. Et plus au nord

Froid glacial en montant au Veternitsa, en arrière-plan les plaines de Macédoine du Nord recouvertes de neige lors d'un hiver particulièrement rigoureux dans les Balkans.

**Comment s'y rendre :** en avion pour Athènes.

**Mobilité douce :** la traversée de nuit en ferry depuis Ancône en Italie jusqu'à Patras en Grèce est une magnifique façon d'entrer doucement dans le voyage.

**Période :** le cœur de l'hiver, dès que la neige est tombée.

**Déplacement/logistique :** si vous n'êtes pas venu en voiture, il faudra en louer une, le déplacement en transport en commun étant peu développé dans l'arrière-pays.

**Où dormir et manger :** la Grèce est un pays très touristique, on trouve de charmantes auberges dans presque tous les villages.

**Formalité :** une carte d'identité.

**Matériel spécifique :** des crampons en acier et un petit piolet, quand la neige devient dure à cause du vent.

**Monnaie :** l'Euro

**Un film :** *Le capitaine Corelli* (2001) de John Madden, pour se donner une idée de la rudesse de la vie sous occupation italienne, malgré les paysages idylliques des îles grecques.

encore, dans le massif du Pinde, plus confidentiel, plus sauvage, où l'intérêt réside autant dans les boursouflures de la terre que dans les petits hameaux montagnards.

Nous avons d'abord exploré la région du lac d'Ohrid, qui se trouve en Macédoine du nord, proche de la frontière grecque. Ce pays n'a rien à voir avec la Macédoine du sud qui, elle, est une région grecque, encore une bizarrerie administrative. Accolée au lac d'Ohrid, la bourgade éponyme classée au patrimoine mondial de l'UNESCO a de quoi charmer et intriguer, avec ses églises médiévales, ses monastères, ses maisons traditionnelles aux toits rouges et son raffinement. On y passe un moment hors du temps, sous le soleil couchant et le vol des mouettes. Surprise au matin et

« […] même si nous sommes
au pays des poètes et du soleil,
il ne faut pas sous-estimer la rigueur
des hivers grecs qui permet de
conserver une neige froide longtemps
après les dernières précipitations.

changement radical d'ambiance quand nous nous réveillons sous 50 centimètres de neige tombée dans la nuit avec un thermomètre affichant -15 °C. Le froid vif ne nous décourage pas, et nous profitons d'une journée de poudreuse d'anthologie sur les pentes macédoniennes. Nous jetons notre dévolu sur une pente repérée sur les cartes, l'accès ne semblant pas très compliqué. Tels des explorateurs, nous débarquons sur le plateau sommital, où se trouve… un refuge. Manque de préparation ou plutôt l'envie d'explorer, nous n'avions même pas vu qu'un refuge se trouvait là. Qu'à cela ne tienne, le plaisir reste le même.

Retour en Grèce où nous exploitons de beaux itinéraires au-dessus des lacs de Prespa, puis d'Aoos dans le massif du Pinde. Dans la littérature grecque, c'est une chaîne de montagnes consacrée à Apollon et aux muses… ça laisse rêveur. Mais attention, même si nous sommes au pays des poètes et du soleil, il ne faut pas sous-estimer la rigueur des hivers grecs qui permet de conserver une neige froide longtemps après les dernières précipitations. Ici le principal problème est le vent qui, quand il souffle, massacre tout sur son passage. Les troncs tortueux des pins grecs en sont la preuve ! Dans ces conditions, la délicieuse neige froide peut vite se transformer en carrelage dur et glissant. Oublions le ski en tee-shirt au-dessus des lacs… et enfilons notre plus grosse doudoune. Heureusement, il y a toujours une petite taverne avec un bon feu de bois pour se réchauffer. Pour vous requinquer, offrez-vous une *pita*, des *souvlakis*, une salade grecque, ou un verre de *retsina*. Ce vin blanc infusé à la résine de pin est délicieux dégusté à une table grecque, mais une fois chez soi, il devient presque imbuvable et a de grandes chances de finir dans l'évier.

Un voyage en Grèce ne serait pas complet sans un détour au cœur de son histoire antique, à Delphes ou Épidaure, afin de se plonger dans la mythologie. On passera par la région des Météores qui abrite des monastères chrétiens orthodoxes construits au sommet de tours de rochers s'élevant vers le ciel. La salle construite à partir de crânes humains au détour d'un couloir reste gravée dans ma mémoire.

Au pied du massif du Pinde, nous faisons escale dans une petite ville de montagne du nom de Metsovo et, bien qu'assez touristique, on y trouve le réconfort que l'on vient chercher en Grèce : de bons plats à déguster en rentrant du ski, des feux de bois dans presque tous les bâtiments et cette tenancière d'hôtel qui vous accueille comme si vous étiez ses enfants. On se sent comme à la maison. Le même charme opère dans le village de Samarina, plus loin dans le Pinde, qui s'organise autour de sa place centrale et de ses tavernes. C'est le départ pour le fameux sommet du coin, le Smólikas (2637 m). Une longue sortie, avec beaucoup de montées et de descentes, mais on peut choisir un objectif moins ambitieux que le sommet, et s'arrêter à différents points de l'itinéraire. D'ici, la vue porte jusqu'en Albanie, et le coucher de soleil est magnifique. Les tavernes du village s'éclairent, les cheminées flambent et les autochtones font rôtir sur broche le fameux *kokoretsi*, plat répandu fait d'abats saucissonnés ensemble avec des intestins et grillés au feu de bois. Que l'on aime ou pas, cela reste une grande expérience pour tout le monde !

**Double page précédente**
*Le massif du mont Olympe, vu depuis celui du Pinde lors d'une belle journée d'hiver.*

**Page de droite**
**En haut**
*Coucher de soleil sur le lac d'Ohrid, côté macédonien. Avec la belle église Saint-Jean de Kaneo au premier plan.*

**En bas, à droite et à gauche**
*Taverne grecque du petit village de Samarina. Kukuretsi et autres spécialités locales sont au menu.*

## LES ITINÉRAIRES

Il y a vraiment une multitude d'endroits où skier en Grèce. De la Crète, au mont Athos, en passant par le massif du Pinde jusqu'au mont Olympe, sans oublier les abords du canal de Corinthe. Pour ce voyage, nous nous sommes concentrés sur la partie nord, dans les montagnes reculées du massif du Pinde, où se logent de petits villages traditionnels.

### 1. VETERNITSA (2 400 M)

Depuis la ville de Bitola, s'enfoncer dans les montagnes et se garer deux épingles à cheveux avant la petite station de ski. Remonter toute la croupe jusqu'au refuge Golemo Ezero (fermé). Il y a plusieurs façons d'accéder au sommet, une solution peut-être de prendre l'épaule nord-est et de la suivre jusqu'au sommet.
D+/-: 1150 m

*Poudreuse profonde et paysage enneigé en Macédoine du nord, sur les pentes du Veternitsa.*

### 2. PINERITSA (2 117 M)

Depuis le village de Florina, prendre la route à l'ouest et se garer dans le village de Pissoderi. Remonter des pistes forestières le temps de sortir de la forêt, et rejoindre un petit refuge non gardé (parfois fermé à clef). De ce refuge, on peut monter au sommet et descendre vers le lac, avant de revenir via un petit col au sud du sommet, et de profiter de la descente jusqu'à croiser la piste forestière. Il y a de grandes éoliennes dans le paysage.
D+/-: 900 m

### 3. TRI LUVOPA (2 049 M)

Se garer un peu à l'est du réservoir d'Aoos, et monter à vue vers la crête sommitale. Ensuite, il faut imaginer son itinéraire, il y a plein de vallons et de crêtes qui descendent au nord et au sud de cette crête.
D+/-: 1000 m

### 4. GÓMARA (2 110 M)

Petite randonnée tranquille à l'ouest de la station de Vasilitsa. Remonter à travers une belle forêt de pins, pour déboucher sur un sommet où il y a une sorte de sémaphore abandonné. On peut au choix redescendre par l'itinéraire de montée ou basculer versant nord en direction du village de Samarina.
D+/-: 650 m

### 5. SMÓLIKAS (2 637 M)

Depuis le village de Samarina, partir le long de la route enneigée au nord, puis rapidement prendre une piste qui monte vers l'ouest. On arrive vite sur un plateau, puis au Mroubai (2 216 m). On peut s'arrêter là, ou continuer en descendant un peu à l'ouest et en remontant en face pour gagner les crêtes qui, par un grand arc de cercle convexe au sud, permettent de rejoindre le sommet du Smólikas.
D+/-: 750 m pour le premier sommet, 1500 m pour le Smólikas

**Page de droite**
*Montée vers le Tri Luvopa avec la vue sur le réservoir d'Aoos en toile de fond.*

**Double page suivante**
*En Arménie et comme dans toute l'ex-URSS, la Lada est une véritable icône. Ici Marie-Élise pose sur un spécimen pas près de repartir sur les routes.*

# Du Bosphore aux portes de l'Asie centrale

# Turquie, Kurdistan et Anatolie

— Des eaux bleues du Kurdistan aux volcans d'Anatolie, la Turquie est un vrai pays montagneux

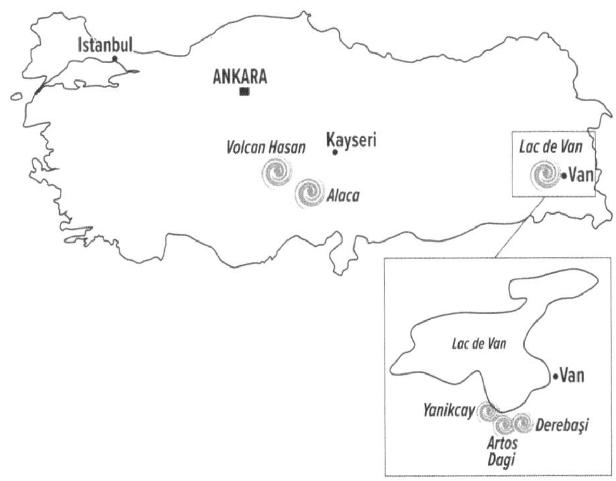


Au pays des chats, du soleil et des montgolfières, on ne s'attend pas à trouver d'immenses volcans enneigés qui culminent à près de 4 000 mètres d'altitude ou des pentes parfaites surplombant des eaux cristallines. On boit du thé à longueur de journée entourés d'hommes et de femmes, heureux que l'on s'intéresse à eux.

Partir en Turquie, c'est d'abord l'occasion de faire escale à Istanbul. On l'appelle la ville aux mille minarets, et on dit d'elle que c'est la plus occidentale des villes d'Orient, ou la plus orientale des villes d'Occident. Pendant de longues années, j'ai rêvé, fantasmé cette cité, les livres de Nicolas Bouvier, Charles Duchaussois ou encore René Barjavel la décrivant comme mystérieuse et indéchiffrable. Je fus lourdement déçu lors de ma première sortie en ville, lorsque je l'ai découverte envahie par le tourisme où bazar rime avec centre commercial, et visiteurs avec porte-monnaie. Je me suis alors rappelé les conseils de mon plus vieil ami d'enfance : « Monte dans un bus, et sors n'importe où ». C'est comme ça que l'on découvre une ville, au hasard. Ici, les bus sont des bateaux et rendent la balade encore plus pittoresque. Une

**Page de droite**
*Paysage typique de Cappadoce pris à l'aube.*

**Comment s'y rendre :** en avion sur l'aéroport de Kayseri ou de Van.

**Mobilité douce :** en train et bus via Stuttgart, Salzbourg et Istanbul (compter 2 jours).

**Période :** février, mars

**Déplacement/logistique :** il est judicieux de louer un 4x4 pour se déplacer. Autour de Van, la situation géopolitique est particulièrement tendue, donc être accompagné semble judicieux.

**Où dormir et manger :** en auberge et hôtel. La plupart des établissements font à manger.

**Formalité :** le passeport est suffisant pour voyager en Turquie.

**Matériel spécifique :** les itinéraires sont non glaciaires, mais les crampons, le piolet et la corde sont utiles pour certains itinéraires raides.

**Monnaie :** la livre turque.

**Ressources :** Recep Ince a fait un super topo sur l'escalade et le ski de randonnée dans le sous-massif de l'Aladaglar, qui se trouve dans la chaîne des Taurus.

**Une musique :** *Ey Reqîb*, un chant révolutionnaire kurde, considéré comme l'hymne national kurde.

*La magnifique église arménienne de Sainte-Croix d'Aghtamar sur l'île éponyme du lac de Van.*

fois sorti du brouhaha du bazar central, on découvre enfin Istanbul, avec ses habitants allant travailler en traversant le Bosphore. Un thé, un *baklava*, et on repart sur l'eau. Les centaines de minarets érigés vers le ciel, comme autant de bras levés en l'air, illustrent à merveille cette ville pleine d'entrain. À notre retour de balade stambouliote, je commence à aimer cette ville où tout va vite, dans un désordre organisé. Un *kebab* de poisson sur le pont de Galata qui enjambe la Corne d'Or, un instant, main dans la main, devant les illuminations qui éclairent la mosquée Sainte-Sophie… je me prends à murmurer du Dario Moreno : « Le muezzin chantait en haut d'un minaret. Et tout le long du Bosphore, je faisais déjà des rêves d'or ».

**Page de gauche**
**En haut**
*Christine et Alain dans la vallée de Yanikcay, avec le lac de Van au fond.*

**En bas, à gauche**
*Grosse chute de neige en Anatolie cette année, nous obligeant à skier depuis le village.*

**En bas, à droite**
*Et jusque dans la mosquée…*

**Double page suivante**
*Charlotte dans la neige fraîche, suspendue au-dessus des eaux bleu roi du lac de Van.*

Mais il nous faut nous enfoncer un peu plus dans le pays. Tout d'abord en Anatolie centrale où les montgolfières, les cheminées de fées et le paysage désertique dressent le tableau d'un décor idyllique. Le volcan Hasan, et ses 3 253 mètres, est le plus imposant, car le plus isolé. Il surplombe le haut plateau anatolien, complètement enneigé au cœur de l'hiver. Nous le gravirons depuis le village d'Helvadere, par des pentes douces, parsemées de blocs d'obsidienne. Après notre journée de ski, je me rappelle notre groupe aux bains turcs, se relaxant sur la pierre centrale du hammam. J'entends encore l'écho du craquement des articulations du plus courageux d'entre nous, son corps ployant sous le poids du masseur turc. Vingt-quatre heures après notre arrivée, il avait déjà neigé plus d'un mètre et nous nous retrouvons bloqués pendant quarante-huit heures dans le village de Güzelyurt. Qu'à cela ne tienne, nous chaussons les skis sur la route et partons à travers les ruelles du village. Cinquante mètres plus loin, nous sommes arrêtés par Ailem qui tient un restaurant et ne veut surtout pas rater l'occasion d'inviter les skieurs français à boire un thé. Pas facile de s'échapper du village sans succomber aux dizaines de sollicitations gastronomiques. C'est donc très en retard sur le planning que nous arrivons sur une

*Troupeau et son berger au village de Derebaşi.*

sorte de sommet surplombant les villages de Güzelyurt et Akyamaç. L'appel du muezzin d'Akyamaç fait l'effet d'un aimant sur nous. Nous dévalons la pente à toute vitesse, en évitant les quelques brebis surprises elles aussi par la neige, pour arriver devant la mosquée, skis aux pieds. C'est donc seulement après quelques convoyages de pèlerins sur nos skis que les fidèles rejoignent la mosquée, quelque peu brusqués par un imam trop pressé. Heureusement, nos jeux continuent un long moment avec les femmes des environs, curieuses elles aussi, mais trop mal à l'aise pour se mélanger aux hommes lors de notre arrivée. Ces moments valent bien plus qu'un beau sommet. Maintenant, chaque fois que j'entends un chant émaner du minaret, je ferme les yeux, et je me rappelle ces instants au cœur des villages d'Anatolie enterrés sous la neige fraîche, traçant des courbes au son du muezzin.

Les Kurdes ont tout : un peuple, une langue, un hymne, un drapeau. Mais ils n'ont pas de pays. Ils sont répartis entre quatre nations, l'Iran, l'Irak, la Syrie et la Turquie, où ils sont particulièrement mal reconnus. Le kurde est une langue persane qui s'écrit tantôt en alphabet latin, tantôt en alphabet arabe, selon les régions où l'on se trouve. Flânant sur les cartes, je fus instantanément attiré par une étendue d'eau : le lac de Van, et je découvris alors les montagnes qui l'entourent. Lors de notre passage, la région, en proie à d'importants soulèvements indépendantistes kurdes, était très militarisée, ses grands axes jalonnés de barrages surveillés par des hommes armés et des blindés, chaque vallée comportant un poste de contrôle gardé par plusieurs hommes armés. Cela nous donnera du fil à retordre pour accéder aux points de départ de nos randonnées. Nous sommes rapidement devenus experts dans les nuances de « *Yasak* », le mot pour interdiction, et « *Hosgeldiniz* », qui veut dire « Bienvenue ».

Lors d'une sortie vers le village de Derebaşi, alors que nous partons skis aux pieds, un homme nous interpelle. Un peu agacés par les « *Yasak* » des jours précédents, nous faisons mine de ne rien entendre et allongeons le pas. Finalement, le militaire imaginaire se révèle être un petit papi bien en forme et qui nous rattrape à vive allure, de la neige jusqu'aux genoux. Nous nous arrêtons et il nous explique très poliment qu'il y a déjà eu de grosses

## LES ITINÉRAIRES

La Turquie est un pays immense où de nombreuses régions se prêtent particulièrement bien au ski. L'Anatolie, les Taurus, la région du lac de Van et bien d'autres encore. Mille possibilités pour le skieur avide d'aventure et de dépaysement. Mais sachez prendre votre temps, car les Turcs aiment recevoir les étrangers.

### 1. VOLCAN HASAN (3 253 M)

Depuis le village d'Helvadere, rejoindre le col entre le Hasan Dagí et le petit Hasan à 2 979 m. Rejoindre le cratère du Hasan facilement. Descente possible par le couloir nord-ouest.

D+/-: 1300 m

### 2. ALACA (3 583 M)

Du camp d'été de Sarimedinou, monter dans le premier vallon de droite pour gagner un petit col vers 3 300 m. Au-dessus s'élève une belle face ouest, que l'on remonte jusqu'au sommet à 3 583 m. La descente peut se faire par le même itinéraire, ou en rejoignant le col de Avci Beli à l'est.

D+/-: 1800 m

### 3. ARTOS DAGI (3 537 M)

Se garer au quartier de Selimiye, et viser une gorge étroite. Vers 2 700 m, sortir sur des pentes nord suspendues, jusqu'à une épaule que l'on suit jusqu'au sommet.

D+/-: 1750 m

### 4. YANIKCAY

Superbe sortie avec le lac en toile de fond, et des habitants très accueillants. Partir sud-ouest depuis le village. Possibilité de sortir à un col en rive droite, assez raide.

D+/-: 1000 m

### 5. DEREBAŞI

Petite sortie, rapide au-dessus du village de Derebaşi, où les habitants ne vous laisseront pas partir sans partager un thé. Il est possible de se garer dans le village, puis de partir vers l'est, en passant à côté d'une bergerie.

D+: 500 m

*L'église en ruine de Saint-Thomas Kilisesi dans la région des fjords du lac de Van.*

avalanches dans des conditions similaires. Nous partons tout de même vers le sommet. Dans un brouillard assez opaque, je décide que nous nous déportions sur le versant opposé, à l'abri des grandes pentes. Lors de la descente, au profit d'une belle éclaircie, nous observons l'immense dépôt laissé dans le vallon par une avalanche, à quelques encablures du village. L'analyse empirique de notre nivologue improvisé était juste. Nous passons la fin d'après-midi chez lui, à boire le thé et à feuilleter les albums de famille. Le seul outil de communication étant les mains, il faut faire preuve d'imagination. Charlotte, experte en la matière, est capable de discuter aussi bien de grossesse et d'enfants avec les femmes, que de chaussettes chauffantes avec le patriarche de la famille. Elle se verra offrir des rires, des sourires, mais aussi de franches et brusques accolades par la maîtresse de maison. Timides, s'abstenir. Le retour à Gevaş, le principal village, escortés par le maire roulant à tombeau ouvert, est un souvenir impérissable. Au-dessus des habitations trône fièrement le mont Artos, un gros volcan de 3537 mètres qui semble sortir directement des eaux du lac. Plus on monte sur ses flancs, plus la vue sur l'étendue bleue devient éclatante. De son sommet, on aperçoit une île sur laquelle est construite l'église Sainte-Croix d'Akdamar. Dans cette région subsistent les vestiges d'églises arméniennes. Dans la zone des fjords se trouve l'église de Saint-Thomas qui semble subir les assauts du temps. Perchée sur sa colline, elle est utilisée comme bergerie pendant l'été. La vue y est captivante et une balade aux alentours donne l'impression de faire un saut dans le passé.

Depuis Van, et en direction du sud, la vallée présente un terrain magique pour le ski de randonnée avec ses sommets qui s'étalent à perte de vue. Les pentes sont douces, les sommets arrondis, et les possibilités infinies au milieu de ce désert blanc.

*Thomas et Florent, ainsi que le petit Hasan, sortent des nuages lors de l'ascension de l'Hasan Dagi, en Anatolie.*

# Liban, monts du Liban et de l'Anti-Liban

— Entre la mer Méditerranée et le Moyen-Orient, ski au pays du Levant

Skier au Liban, c'est aller à l'encontre des idées reçues. On se trouve au Moyen-Orient, dans une zone désertique, juste à côté de la mer, et pourtant le pays est largement arrosé de fortes précipitations neigeuses. Ajoutez à ça la gentillesse des locaux et la nourriture exquise, et on obtient une destination de choix pour un voyage à ski.

**Page de droite**
**En haut**
*La vue sur les hauts plateaux du Mont-Liban porte jusqu'au Qurnat as Sawda, depuis le mont Sannine.*
**En bas**
*Grande courbe à quelques encablures de la station des Cèdres.*

Les montagnes du Liban forment deux massifs : à l'ouest, la chaîne du Mont-Liban, qui donna son nom au pays, sépare le littoral de la plaine de la Bekaa ; à l'est, la chaîne de l'Anti-Liban qui forme la frontière avec la Syrie. Les reliefs sont particulièrement doux, et les dénivelés jamais trop importants. Les dépressions, chargées d'humidité de la Méditerranée, se cognent sur la chaîne du Mont-Liban, et arrosent copieusement le pays de neige. Ce phénomène se produit tous les ans, et lors de notre passage, les accès furent très compliqués, avec une poudreuse omniprésente.

Non loin de la station de Faraya, sur les pentes du mont Sannine, se trouve une grande face de 800 mètres qui débouche sur un plateau sommital. Là-haut, il y a deux

constructions, et notamment une belle église en pierre où il est habituellement possible de passer la nuit. Lors de notre passage, elle était fermée à clé, et nous avons dû improviser une nuit en igloo, en creusant un énorme trou de neige pour cinq personnes. Le réveil glacial, le duvet peu à peu coloré par les premiers rayons du soleil, la vue sur la mer et jusqu'au point culminant du Liban fut un beau moment de montagne. De l'église, pour rejoindre le sommet, on traverse un grand plateau fait de dômes, cuvettes et autres dépressions. Et même par grand beau temps, il n'est pas impossible de se perdre. Plus au nord, sur la chaîne du Mont-Liban, on rencontre le cirque de la station de ski des Cèdres. Au pied des pistes se trouve le site des Cèdres de Dieu, vestiges d'une ancienne forêt initialement bien plus dense et étendue, qui revêt une grande importance culturelle pour les habitants de la vallée de Qadisha. Originaire du Liban, le cèdre, symbole de sainteté, d'éternité et de paix, est l'emblème du pays et figure au centre de son drapeau. Ce conifère, poussant au-dessus de 1 500 mètres d'altitude sur la chaîne du Mont-Liban, recouvrait autrefois une grande partie du territoire.

Nous subirons deux grosses journées de mauvais temps, des chutes de neige considérables avec plus de 60 centimètres cumulés. Hallucinant pour nous qui imaginions le pays sous la chaleur et le ciel bleu. Drôle de sensation que de skier dans la poudreuse, sur des pentes qui semblent plonger dans la mer.

Ici, la nourriture est incroyable, chaque saveur a de l'intensité, tout explose en bouche, peut-être grâce à l'ambiance, à l'immersion, ou à l'ingrédient secret ajouté par la mamie libanaise aux fourneaux ! Il faudra évidemment goûter les *mezzés*, qui offrent une palette des spécialités locales. Du *houmous* au *taboulé*, des *falafels* aux *warak enab* (fameuses feuilles de vigne farcies de riz), il y en a pour tous les goûts. Ne boudez pas les mets moins connus en Europe comme le *labneh*, un fromage de brebis ou de chèvre assaisonné de *zaatar* (une herbe aromatique) et d'huile d'olive.

C'est vers la plaine de la Bekaa que se poursuit le voyage. Nous y découvrons un pays totalement différent, aux routes cahoteuses et aux habitations détruites. Arrivés avant la nuit, nous avons le temps de manger un kebab dans un petit restaurant où pendent les carcasses fraîches devant l'entrée, avant de nous faire arrêter par un 4x4. Deux hommes armés, sans uniforme, en sortent et tapent sur le carreau avec la crosse de leur revolver, en hurlant « *Passport !* » Nous nous exécutons sans même demander pourquoi. Un peu secoués, nous ferons par la suite le lien avec la situation tendue de la région, et le groupe militaire armé du Hezbollah.

Réouvert au tourisme depuis peu, le mont Hermon – ou Djebel ech Cheikh – est la montagne du coin. Autorisations, militaires ultrastressés, interdictions de photographier… Nous voilà dans le bain… Un 4x4 nous dépose le plus loin possible sur la piste, au niveau

**Comment s'y rendre :** en avion sur l'aéroport de Beyrouth.

**Mobilité douce :** un ferry qui fait la liaison entre Taşucu, en Turquie, et le port d'El Mina, au Liban, deux fois par semaine.

**Période :** février semble être la bonne période. Le mieux étant de scruter les webcams et d'avoir des contacts sur place pour se tenir informé, et être réactif.

**Déplacement/logistique :** le plus facile est de louer une voiture, si vous ne craignez pas d'affronter la conduite libanaise. Sinon, un prestataire est une bonne solution, notamment pour le mont Hermon.

**Où dormir :** on trouve des hébergements dans tout le pays.

**Où manger :** les repas sont des moments privilégiés de partage, et on trouve des établissements servant des *mezzés* presque partout.

**Formalité :** un passeport est nécessaire. Chose à savoir, si vous avez sur votre passeport un tampon israélien, l'accès au pays vous sera refusé.

**Matériel spécifique :** aucun matériel spécifique nécessaire.

**Monnaie :** la livre libanaise.

**Décalage :** une heure de décalage horaire avec la France.

**Un film :** *Incendies* (2010) de Denis Villeneuve.

**Page de droite**
*Mauvais temps à la station des Cèdres, promesse de belles chutes de neige.*

**Double page suivante**
*Exploitation des belles chutes de neige promises, sur la chaîne du Mont-Liban.*

“Les dépressions, chargées d’humidité de la Méditerranée, se cognent sur la chaîne du Liban, et arrosent copieusement le pays de neige.

## LES ITINÉRAIRES

Le Liban, c'est le paradis pour le skieur de randonnée : les reliefs sont doux, les accès routiers hauts, les hébergements confortables, et la nourriture délicieuse. Et quand on ne skie pas, on visite des lieux historiques classés au patrimoine mondial de l'UNESCO.

**1. MONT SANNINE, LA GRANDE COULÉE (2628 M)**

Depuis le village de Sannine, remonter l'immense face jusqu'au sommet. On peut alors faire un tour au sommet de la station de Feraya, ou aller directement au sommet.
D+/-: 1000 m

**2. MACHRAA TOURMOUS (2932 M)**

Depuis la station des Cèdres, remonter les pentes à l'ouest des remontées mécaniques et qui semblent plonger dans la mer. Sortir sur un immense plateau sommital et trouver le sommet à l'aide du GPS.
D+/-: 900 m

**3. SOMMET DE LA STATION DES CÈDRES (3000 M)**

Depuis la station, partir plein sud vers le col d'Aïnata, bifurquer assez rapidement, au niveau d'une croix, vers l'est, pour rejoindre une grande crête descendant du plateau décrit précédemment. Remonter cette crête jusqu'au sommet des pistes, peu marqué, vers 3000 m. On peut, si on a le courage, rejoindre le sommet du Liban, le Qurnat as Sawda (3088 m). Descendre en rive gauche des remontées mécaniques.
D+/-: 950 m

**4. MONT HERMON (2814 M)**

Il est indispensable de se faire emmener au-delà du poste militaire par un chauffeur accrédité. Puis remonter à ski un ensemble de petits canyons très esthétiques. Sortir sur les grandes pentes sommitales jusqu'au sommet où se trouve un gros bâtiment militaire de l'ONU.
D+/-: 1200 m

**5. COL D'AÏNATA (2700 M)**

Depuis le village d'Aïnata, partir skis aux pieds plein ouest jusqu'au col.
D+/-: 1000 m

du front de neige. L'ascension est superbe, avec des vues incroyables sur la vallée de la Bekaa et la chaîne du Mont-Liban. Une succession de petits canyons sortent sur des pentes suspendues, mais peu raides, qui nous conduisent vers le poste militaire de l'ONU du sommet. La prudence reste de mise, car, côté syrien, on tire à vue sur tout ce qui bouge et toute la frontière est minée. Nous dévalerons 1 000 mètres de poudreuse fraîchement tombée, avec une vue dégagée sur la plaine de la Bekaa, le rêve libanais, à quelques encablures du cauchemar syrien.

La plaine de la Bekaa est parsemée de dizaines de postes militaires et les contrôles sont omniprésents sur la route permettant de rejoindre la fameuse cité de Baalbek. Du côté est de la route s'étalent à perte de vue les camps de réfugiés syriens. C'est peut-être ici que nous prendrons le plus conscience de la guerre qui sévit dans cette région. J'ai souvent côtoyé la pauvreté, mais rarement la guerre, et l'expression sur le visage des gens m'a touché différemment, plus profondément.

Depuis le village d'Aïnata, nous rejoignons le col éponyme qui est aussi le fond de la vallée des Cèdres, car cela permet d'avoir une vue époustouflante sur la mer Méditerranée. Ce sera l'occasion d'un arrêt culturel dans la ville de Baalbek. Avec ses ruines classées au patrimoine mondial de l'UNESCO, elle n'a rien à envier aux grands sites gréco-romains. Un ancien professeur d'histoire libanais, amoureux de son pays et qui excelle dans l'art de le transmettre, nous fera découvrir ce site magnifié par les couleurs ocre du coucher du soleil.

**Page de droite**
**En haut**
*Thomas s'élève vers le mont Hermon, avec en toile de fond la plaine de la Bekaa et encore plus au fond la chaîne du Mont-Liban.*
**En bas**
*Les ruines du site antique de Baalbek, aux couleurs envoûtantes le soir venant.*

# Géorgie

— Katchapuri, tchatcha et poudreuse, dans les montagnes du Caucase

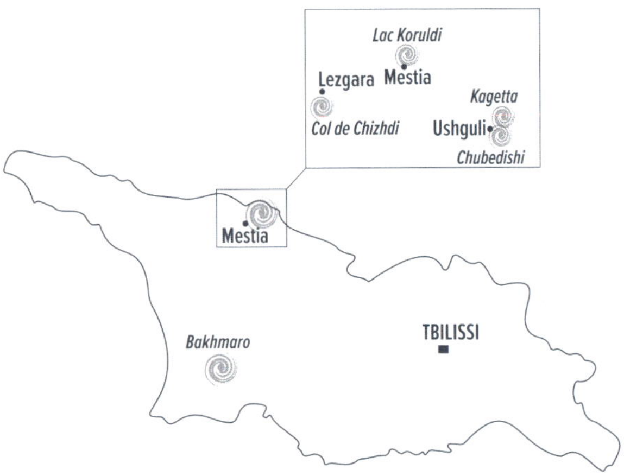


Entre hautes montagnes et collines, à travers le Grand et le Petit Caucase, la Géorgie recèle mille montagnes, mille pentes. Et pourtant, on ne viendra pas que pour tracer des courbes. Ici, la tradition de l'accueil est omniprésente, entre sourires, *tchatcha* (alcool typique à base de raisin) et *katchapuri* (pain farci au fromage garni d'un œuf).

*Trace profonde à faire au-dessus du village de Bakhmaro, après des chutes de neige dantesques.*

Le Caucase est une immense chaîne de montagnes, qui s'étend de la mer Noire à l'ouest, à la mer Caspienne à l'est sur 1 200 kilomètres de long, constituée de sommets culminant à 5 000 mètres, comme le volcan Elbrouz (5 642 m). Au nord de cette ligne de crêtes, c'est la Russie, la région de la Ciscaucasie ou Caucase du nord. L'autre chaîne montagneuse du pays est le Caucase du sud, ou Transcaucasie, qui s'étend sur trois pays : l'Azerbaïdjan, l'Arménie et la Géorgie.

L'hiver venu, la majorité du territoire se couvre d'un épais manteau blanc. Les dépressions arrivant de la mer Noire, chargées en humidité, déposent des quantités astronomiques de neige sur le Petit Caucase. On peut alors y skier en tout début d'hiver. Lors de notre premier séjour, nous quittons Tbilissi sous une pluie diluvienne. L'humidité laissant place aux gros flocons, nous arrivons à Bakhmaro en « 4x4 – chasse-neige ». Le village se situant dans un ancien cratère volcanique,

**Comment s'y rendre :** en avion, sur l'aéroport de Tbilissi.

**Mobilité douce :** un bateau traverse la mer Noire de Varna, en Bulgarie, à Batoumi, en Géorgie, une fois par semaine (compter deux jours).

**Période :** toutes saisons ; en tout début d'hiver dans le Petit Caucase, et au printemps en Svanétie ou Kazbegi.

**Déplacement/logistique :** il est facile de louer une voiture, mais il faut pouvoir parler un peu russe. Sinon, il faut passer par un prestataire.

**Où dormir et manger :** on trouve beaucoup de guesthouses dans tous les villages. Il existe même quelques cabanes non gardées en Svanétie.

**Formalité :** un passeport suffit.

**Matériel spécifique :** certains itinéraires sont glaciaires et nécessitent donc tout le matériel nécessaire.

**Monnaie :** le Lari

**Un film :** *Mandarines* (2013) de Zaza Urushadze.

*Approche équestre pour gagner un fond de vallée depuis le village de Ushguli.*

il faut descendre jusqu'à la maison de notre hôte, Giorgi. Peut-être aurions-nous dû penser qu'après la descente pour arriver… il y aurait la montée pour repartir ! Dans ce creux de volcan, coupés du monde, où la plupart des cabanes ne sont habitées que pendant la saison estivale, nous prenons nos quartiers dans une petite maison spartiate. Ici, il n'y a que deux règles à respecter : faire attention aux patates dans l'escalier (sûrement un vieux réflexe de ses grands-parents, ayant vécu des temps difficiles) et ne jamais couper l'eau des robinets, au risque que celle-ci ne gèle instantanément dans les tuyaux.

Notre hôte compense son jeune âge et son manque d'expérience par une débauche d'énergie folle. On excusera les quelques petits déjeuners manqués et de nous avoir ridiculisés aux échecs – il faut dire que, dans toute l'URSS, il s'agissait d'une matière enseignée à l'école. Dans ces régions du monde, j'aime me balader avec mon petit jeu d'échecs, cela ouvre une porte pour entrer en contact avec les locaux, et la discussion s'engage invariablement.

Chez Giorgi, on a l'impression de voir deux personnes en une. La première parle parfaitement anglais et se revendique européen, tourné sur l'avenir et très branché nouvelles technologies. La seconde parle russe, conserve un fort héritage de l'URSS, résolument tourné vers le patriotisme. Lors de la *supra* (un banquet), il tient à merveille le rôle de *tamada* (celui qui porte les toasts), qui est une tradition séculaire en Géorgie. Personne ne doit porter son verre à sa bouche sans que le *tamada* ait dit à qui ou à quoi on trinque. Il doit faire preuve d'ingéniosité et d'humour pour ne pas lasser son auditoire. Mais heureusement, Giorgi savait ne pas nous forcer. Ce ne

**Page de droite**
*Le magnifique village de Bakhmaro, aux couleurs bariolées, contraste saisissant avec le blanc de la neige.*

**Double page suivante**
*Belles courbes vers le hameau de Shedrekili, aux alentours de Bakhmaro.*

## LES ITINÉRAIRES

Plusieurs régions, plusieurs massifs, plusieurs voyages à ski. Il n'est pas évident de résumer en quelques lignes l'immensité des possibilités de ski en Géorgie. Voici quelques itinéraires répartis dans le pays. À chacun de piocher dans la liste et d'inventer la suite de son séjour.

### 1. BAKHMARO, GADREKILLI (2507 M)

De l'église, partir vers le fond du village au sud-est et s'élever dans la forêt au sud de la route allant à Shedrekili. Après une forêt un peu raide, déboucher sur une crête plane jusqu'à un premier sommet. On peut descendre sur le hameau de Shedrekili en suivant la route enneigée, et remonter au sommet du Gadrekili.

D+/-: 1000 m

### 2. MESTIA, LAC KORULDI (DESCENTE PAR LE GLACIER DE CHAALADI EN OPTION)

Depuis Mestia, remonter en forêt jusqu'à trouver la neige. Passer devant une superbe cabane qui appartient à un guide de la vallée, puis un peu plus haut trouver les lacs de Koruldi. On peut revenir en arrière ou continuer à monter jusqu'à environ 3300 m, d'où l'on pourra basculer versant nord sur le glacier de Chaaladi. En suivant ce glacier, rejoindre une route ramenant à Mestia.

D+/-: 1800 m

### 3. MESTIA, COL DE CHIZHDI (3100 M)

Du village de Lezgara, remonter via une piste forestière jusqu'à une cabane en ruine, récemment dévastée par une avalanche. On peut remonter jusqu'au col qui permet de basculer dans une autre vallée plus au sud, le col de Chizhdi.

D+: 1800 m

### 4. USHGULI, POINT 3106, CRÊTE DU KAGETTA

Quitter le village vers le nord-est et prendre rapidement une route qui monte à flanc de montagne en rive droite de la rivière Enguri. Suivre une crête qui permet de monter plein nord jusqu'au sommet à 3106 m. Suivant les conditions de neige, on peut redescendre par le chemin de montée ou envisager de descendre dans la vallée suivante, la Kaldeschala.

D+: 1000 m

### 5. USHGULI, CRÊTE DU CHUBEDISHI (3015 M)

Itinéraire plus qu'évident quand on arrive à Ushguli; suivre la crête tout de suite au-dessus du village.

D+/-: 900 m

fut pas le cas de son père qui, malgré l'abandon prématuré de Charlotte, n'en resta pas là avec moi. Et je ne pus regagner mon lit qu'après avoir « versé discrètement » mes derniers verres de *tchatcha* dans la cheminée. Je vous laisse imaginer ce que donne de la *tchatcha*, distillat de marc de raisin à 65°, dans un feu de bois.

Après plusieurs jours à regarder les flocons s'amonceler sur les doux reliefs de Bakhmaro, nous pouvons enfin profiter de belles sorties dans une poudreuse incroyable. Entre vallons, forêts, dômes, pentes vierges et cabanes colorées en bois, l'environnement est propice au ski de randonnée. Le père de Giorgi nous explique qu'ici les débuts d'hiver sont soudains, avec de grosses chutes de neige en quelques jours. Au moment du départ, nous sommes restés coincés devant notre voiture à demi enterrée dans la neige et la route principale coupée par plusieurs avalanches. Évidemment, l'idée nous a traversé l'esprit de laisser les clefs du véhicule chez Giorgi, et de nous carapater à ski pour quitter le pays. Mais n'ayant pas envie d'être recherchés toute notre vie par la mafia géorgienne, nous avons usé de nos pelles et d'une grande tôle faisant office de plaque de désensablage pour nous évader de ce petit coin de paradis, non sans y laisser quelques gouttes de sueur et de belles frayeurs.

Un tour dans les montagnes du nord, dans le massif du Caucase, est l'occasion d'un saut dans le passé. La ville de Mestia, avec ses *koshkebi* (tours de défense moyenâgeuses), est d'une beauté profonde. En hiver, elle est vidée de ses touristes, l'ambiance est calme et propice à la flânerie. On y voit déambuler les vaches, les chiens, et les chèvres dans un joyeux imbroglio. Nous décidons d'aller voir plus loin, au cœur de la province de la Svanétie, pour découvrir le village d'Ushguli. Perché à plus de 2 000 mètres d'altitude, au pied de montagnes vertigineuses, il semble hiberner. La route le reliant à Mestia est une aventure à part entière, et nous nous demandons s'il est bien prudent de nous y engager. Les éboulements sont presque continus, dus aux cycles de gel et de dégel, la route est encombrée de gros blocs de pierre, et presque entièrement recouverte de boue. Concentrés sur notre conduite et les différents cratères à éviter, il s'en est fallu de peu pour que nous manquions de voir trois loups bondissant d'un bas-côté à l'autre avant de disparaître dans la forêt. Arrivés au village,

Après plusieurs jours à regarder les flocons s'amonceler sur les doux reliefs de Bakhmaro, nous pouvons enfin profiter de belles sorties dans une poudreuse incroyable.

nous sommes obligés de mettre deux roues sur le talus pour éviter un cheval mort, et entièrement dévoré par les loups. N'étant pas assez à l'aise dans la langue locale pour expliquer que nous avions vu les fautifs, nous nous contentons d'écouter le propriétaire un peu dépité. L'ambiance est féerique, avec les nombreuses tours de défense qui nous plongent dans un décor de cinéma. Au petit matin, une certaine agitation règne, et il faut faire attention à ne pas entrer en collision avec une vache ou un cochon au détour d'une ruelle, tandis que les habitants étalent le fourrage dans les étables. Dans cette partie du massif qui ne bénéficie pas de l'humidité de la mer Noire, il a moins neigé en ce début d'hiver, et nous en savons gré, car les montagnes sont sacrément imposantes. L'immensité des faces et la raideur des pentes appellent à faire preuve de retenue, c'est la Svanétie.

**Page de gauche**
**En haut**
*Tous les animaux de la ferme sont de sortie dans les ruelles d'Ushguli, devant les tours de guet si typiques des villages de la région.*

**En bas**
*Charlotte trouve la voie du Seigneur lors de chutes de neige monumentales à Bakhmaro.*

**Double page suivante**
*Poudreuse légère pour fêter Noël, devant la vallée de Mestia et le mont Tetnuldi (4 858 m).*

# Arménie

— Entre église et volcan, un pays taillé pour le ski

L'Arménie est faite de paysages parsemés de volcans à perte de vue et recouverts d'un manteau blanc au cœur de l'hiver, mais aussi d'un peuple accueillant et chaleureux. Malgré un pays qui peine à se reconstruire, entre carcasses de voitures rouillées et stigmates de bombardements, les innombrables églises disséminées dans ces étendues volcaniques sont incroyablement belles.

Encerclés par les immenses empires perses, byzantins, romains, mongols, ottomans et arabes, les Arméniens possèdent leurs propres langue et alphabet, et ils ont développé leur propre version du christianisme, élément fondamental de la cohésion de ce peuple. Entre avril 1915 et juillet 1916, le peuple arménien subit un génocide faisant plus d'un million de victimes. Aujourd'hui encore plane sur la région le rêve d'une frange de la population turque d'unir au sein d'un « état touranien » tous les peuples turciques du Bosphore à l'Asie centrale ; entreprise à laquelle l'Arménie, l'un des derniers bastions chrétiens du Moyen-Orient, fait obstacle. En 2022, l'Arménie du sud fut le théâtre d'affrontements avec l'Azerbaïdjan, pour des conflits de territoire. Une enclave azerbaïdjanaise se trouve à l'ouest de l'Arménie, tandis qu'une enclave arménienne se trouve en territoire azéri. Les Turcs soutiennent les Azerbaïdjanais, tandis que les Russes font office de force d'apaisement dans la zone. Un sombre cocktail bien explosif.

Lors de ma première visite en Arménie, j'ai été surpris par le nombre de volcans qui recouvrent le pays. Il y en a des grands, des larges, des petits, tandis que d'autres forment carrément des chaînes de montagnes. L'Ararat, lui, est un mastodonte qui écrase de sa masse Erevan, la capitale. Heureusement, son satellite, le Petit Ararat, apporte un

**Double page suivante**
*Arnaud en grandes courbes dans un des couloirs du plus haut sommet d'Arménie, le volcan Aragats (4 090 m).*

*Marie-Élise, Uwe et Antoine grimpent dans la vallée de Sevazhire au sud du lac Sevan.*

peu de perspective et permet de ne pas avoir le regard uniquement captivé par ce sommet de 5 137 mètres. L'Aragats est plus doux, avec des flancs qui s'étalent sur des kilomètres. Son sommet est également plus chaotique, avec plusieurs antécimes distinctes. Si on ne le sait pas, il est difficile d'imaginer que derrière cet imbroglio de roches se cache un volcan. À travers tout le pays, on trouvera des petits cratères parfaits, ceux que dessinerait un enfant, avec leurs flancs géométriquement identiques et un cratère sommital circulaire. Les volcans sont des montagnes très proéminentes, car bien souvent rien ne les entoure. Ils sortent de terre tels des *kourganes* (proéminences en forme de bosse qui recouvrent des sépultures que l'on retrouve dans les steppes pontiques, les steppes de l'Europe de l'Est). Pour terminer de dresser le paysage, l'immense lac Sevan, perle azur, se situe sur un grand plateau qui frôle les 2 000 mètres d'altitude. À l'aube et au crépuscule, les mouettes planent dans le vent et les lumières qui se reflètent sur le lac offrent une ambiance magique et feutrée qui hante encore mon esprit.

*Derniers efforts pour rejoindre l'église perchée au sommet du volcan Armaghan, au sud du lac Sevan.*

Lors de chaque randonnée, nous débutons notre errance dans un village. Le point d'accroche avec le monde d'en bas avant de s'en aller vers les hauteurs. Je n'hésite pas à interpeller les habitants pour m'assurer que nous pouvons nous garer devant leur portail, une façon un peu détournée de demander à quelqu'un de jeter un œil sur notre voiture. Invariablement, la conversation s'engage et nous sommes invités à boire le thé. En une habile joute verbale, ou plutôt une simplissime phrase en russe : « Сначала лыжи, а потом чай », qui veut dire « D'abord le ski, et après, le thé », nous reportons leur invitation de quelques heures. On sera toujours invités à nos retours de randonnée pour boire le café, mais aussi goûter leurs spécialités. Et comme le disait si bien Marie-Élise, un membre de notre groupe : « Le café, c'est la carotte. Avant, tu dois te taper les crêtes de coq vinaigrées, les fromages à l'ammoniac et surtout les dix *shooters* de vodka ». Certains adorent et ressentent l'âme de l'Asie centrale dans ces rencontres, d'autres subissent, mais chacun accepte avec un grand sourire l'hospitalité offerte par nos hôtes.

Il est difficile de cartographier le pays en différents secteurs tant il est recouvert de montagnes parfaites pour le ski. Des accès routiers assez hauts, comme le col de Sélim (2 300 m), permettent de skier assez tard en saison. Je suis tombé sous le charme du volcan Armaghan, qui sort de terre juste au-dessus du village de Madina, où une famille nous a accueillis avec une gentillesse débordante. Les flancs nord du cratère se déploient sur 700 mètres de dénivelé, avec une raideur de pente d'une homogénéité à faire pâlir la pyramide de Khéops. Au sommet, face au lac Sevan, trône fièrement une église. Associer la qualité de la glisse, la beauté d'un itinéraire, l'intérêt culturel et la rencontre humaine est assez rare. Ici, au creux du volcan Armaghan, tous les ingrédients sont réunis.

La vallée de Yeghegis se trouve un peu plus au sud, et se déploie autour des villages de Vardahovit et de Goghtanik, deux petits hameaux qui se font face. Les possibilités de ski depuis ces villages sont infinies, et pour peu que l'on ait une bonne Lada Niva

**Page de droite**
**En haut**
*Ici au village de Madina et comme partout en Arménie, on est accueillis pour boire et manger un morceau après nos sorties, pour le plus grand plaisir d'Antoine et Uwe.*

**En bas, à gauche**
*Un* katchkar *dans le cimetière de Noradouz.*

**En bas, à droite**
*Un prêtre de l'église catholique arménienne au monastère de Noravank.*

**Double page suivante**
*Du haut de la vallée de Sevazhire, la vue porte loin vers le sud de l'Arménie, en proie à d'importants conflits avec l'Azerbaïdjan.*

## LES ITINÉRAIRES

L'immense majorité des itinéraires réalisables en Arménie sont d'un niveau technique facile, ne nécessitant pas de matériel particulier. On restera attentif au vent qui peut être particulièrement violent, notamment sur les volcans. Les itinéraires présentés ici se font en aller-retour, mais il est largement envisageable d'imaginer une grande traversée, avec le support d'une agence.

### 1. VOLCAN ARAGATS (4 090 M)

D'Aragats, prendre la route enneigée jusqu'à 2 700 m d'altitude et s'engager dans le vallon partant au nord, pour arriver au pied du volcan. L'itinéraire remonte l'arête sud jusqu'au sommet nord à 4 050 m. Pour rejoindre le sommet ouest, parcourir une arête horizontale de niveau AD-. Descente par le même itinéraire, ou mieux, par un couloir, en rive gauche de l'arête sud.

D+/-: 2 000 m pour 28 km

### 2. TEGHENIS (2 851 M)

Depuis l'hôtel *Arthurs* d'Aghveran, suivre la route au nord-ouest, avant de bifurquer à l'ouest pour rejoindre la face nord-est du Teghenis. Remonter par une croupe évidente jusqu'au poste de radio. Descendre alors versant sud jusqu'au monastère de Teghenyats. Remonter au nord-est au sommet éponyme, afin de redescendre la belle face nord jusqu'au village.

D+/-: 1450 m

### 3. VOLCAN ARMAGHAN (2 829 M)

Du village de Madina, contourner la base du volcan par la droite, afin de remonter les pentes nord-est. Au sommet, de l'autre côté du cratère, se trouve une belle église à l'intérieur de laquelle on peut s'abriter.

D+/-: 800 m

### 4. NSHKHARK (3 180 M)

Depuis la route du col de Sélim, en face de Nshkhark, un village de berger, se garer près d'une église et partir plein est dans un système de canyons. Atteindre le sommet facilement par des pentes douces.

D+: 900 m

### 5. SEVAZHIRE (3 240 M)

Depuis le village de Sevazhire, continuer par la route enneigée au nord, jusqu'à 2 250 m, rejoindre un col à 2 700 m à l'ouest qui donne accès à l'arête sud de notre sommet. La remonter jusqu'en haut et redescendre par un système de canyons au nord, qui ramène à la piste.

D+/-: 1150 m

*Plus de Lada, moins de problèmes. Un dicton bien ex-URSS. La nôtre aura tenu bon pendant tout le voyage, pas comme celle-ci.*

**Comment s'y rendre :** en avion, sur l'aéroport d'Erevan.

**Mobilité douce :** en bateau (comme pour la Géorgie), puis en *marchroutka* (taxi collectif en ex-URSS) pour rejoindre l'Arménie.

**Période :** février/mars

**Déplacement/logistique :** si la communication n'est pas un problème, il faut louer une voiture pour être autonome. Sinon, il faut passer par un guide.

**Où dormir :** on trouve des hébergements dans toutes les villes moyennes. Sinon, chez l'habitant dans les petits villages, mais il est alors impossible de s'organiser à l'avance.

**Où manger :** la nourriture est succulente, notamment grâce aux multiples influences des empires perse et ottoman.

**Formalité :** visa à faire à l'aéroport en arrivant.

**Matériel spécifique :** aucun

**Monnaie :** le Dram arménien

(4x4 emblématique dans toute l'ex-URSS, incassable, et quand bien même, réparable par tout le monde, avec un bout de fil de fer et un marteau) et un soupçon de compétence en conduite sur piste chaotique, le paradis de la randonnée à ski vous tend les bras. Gevorg, un montagnard, y a ouvert un petit hôtel. Il m'aidera tout au long de mes voyages, en m'abreuvant de conseils et surtout d'un succulent vin, fait d'un cépage endémique, l'*areni*.

L'Aragats (4 090 m) fait sur nous l'effet d'un aimant. Lors de notre tentative, nous avions en tête les conseils des copains : « Préparez-vous à en baver ». Le jour J, à 4 heures du matin, quand nous garons la Lada dans la boue, sous la pluie, le moral est au plus bas. Dans notre bulle, écouteurs aux oreilles, nous déroulons les sept kilomètres de faux plat qui permettent d'accéder aux pentes du volcan sans dire un mot. Mais, à notre plus grande surprise, nous finissons par sortir des nuages sous un soleil éclatant. La montagne est plâtrée de neige, et une couche de poudreuse recouvre le cône sommital. On profitera de l'occasion pour skier un beau couloir, dans une neige de cinéma.

**Page de gauche**
*Service de déneigement sur la piste permettant de se rapprocher du pied du volcan Aragats.*

# Iran, Alborz et Zagros

— Au pays des mollahs, les montagnes sont un refuge pour la liberté

Dans un pays en proie à un fort soulèvement en faveur de la liberté d'expression, il peut sembler décalé d'y voyager pour le ski. Et pourtant, les Iraniens trouvent dans la montagne un moyen d'exprimer leur liberté, en traçant les lignes d'un nouvel Iran. Glisser à leurs côtés, c'est les soutenir et être témoin de la métamorphose de la société iranienne.

**Page de droite**
**En haut**
*Première trace devant le village de Lasem, avec le volcan Damavand (5 610 m) au fond.*

**En bas**
*Grande courbe face au volcan Damavand, plus haut sommet d'Iran avec ses 5 610 m.*

L'Iran, c'est ce grand pays du Moyen-Orient, à la culture si influente. La langue persane est parlée par plus de cent millions de personnes, en Iran bien sûr, mais aussi au Tadjikistan et en Afghanistan. La République islamique d'Iran, que l'on connaît actuellement, est fondée sur les principes de la loi coranique et de la théorie du *Velayat-e faqih* (tutelle religieuse). À la tête du pays, on retrouve le guide suprême, l'ayatollah Ali Khamenei. Comme nous le découvrons sur place, il est omniprésent et tout le monde a plus ou moins peur de lui. Malgré tous ces écueils, les Iraniens semblent affronter les vicissitudes de la vie avec pragmatisme. De nature accueillante et curieuse, ils sont toujours prêts à nous inviter pour boire le thé et, si nous acceptons, à manger ensemble. Nous avons été touchés par leur attention à notre égard. Peut-être sont-ils heureux que les étrangers s'intéressent à leur culture, et sûrement un peu soulagés que certains Occidentaux bravent l'insécurité de leur pays ?

## LES ITINÉRAIRES

En Iran, au milieu des somptueuses visites d'Ispahan, de Chiraz ou encore de Kashan, on peut skier presque partout. D'abord dans l'immense chaîne de montagnes des Alborz au nord, qui culmine à 5 610 m avec le volcan Damavand, mais aussi dans le centre du pays, à l'ouest d'Ispahan, dans la chaîne des Zagros.

**1. ALBORZ, GOLZART**

Parfait pour commencer. Un petit sommet, juste à côté de la route, après la station de ski d'Abali. Itinéraire évident.
D+/-: 1000 m

**2. ALBORZ, ANGEMAR (4 047 M)**

Du village de Lasem, trouver un pont pour traverser, puis remonter à vue dans le vallon plein sud.
D+/-: 1500 m

**3. ALBORZ, TRAVERSÉE DU PASHOREH (3 870 M)**

Un peu après Lasem, s'élever dans une vallée plein nord, jusqu'à arriver à un col où l'on voit le Damavand. D'ici, on peut faire le sommet du Pashoreh en aller-retour. La descente s'effectue versant nord, jusqu'au village de Nava.
D+: 1200 m ; D-: 1500 m

**4. ALBORZ, VOLCAN DAMAVAND (5 610 M)**

Sur la route reliant Polur à Rineh, il y a un embranchement bien matérialisé, où la piste monte vers une mosquée. Puis l'itinéraire est évident jusqu'au refuge Bargah Sevom (4 050 m), et enfin au sommet du volcan. C'est assez raide et on est très haut en altitude.
D+/-: 2 600 m

**5. ZAGROS, PIC GUILAS (3 260 M)**

Du village de Shahriari, partir plein sud et s'élever par une gorge se dirigeant vers le sud-ouest. Rejoindre le sommet en prenant à l'est.
D+/-: 1100 m

*Douze heures après être descendus du Damavand, nous voilà dans les dunes du désert du Maranjab à soixante kilomètres de Kashan, au sud de Téhéran.*

L'Iran, grâce à sa position stratégique sur la Route de la soie, regorge de cités luxuriantes. Il y a d'abord Ispahan, peut-être la plus connue, qui est un des joyaux du Moyen-Orient. L'art safavide brille dans toute sa splendeur autour de la place Meidan-e Emam. Le bleu des coupoles de la mosquée du Chah et de celle du Cheikh Lotfallah se reflète sur l'eau des bassins et se perd dans le bleu du ciel. Au coucher du soleil, les lumières du pont Si-o-se-pol resplendissent et ce lieu devient le témoin des amours naissantes. Nombre de jeunes Iraniens et Iraniennes viennent ici converser, se courtiser, voire consommer le début d'une relation interdite. Au loin s'estompent les dernières lueurs sur les sommets du massif des Zagros.

Yazd, quant à elle, est plus petite, perdue au milieu du désert Dacht-e Kavir. C'est un havre de paix. Nous dormons dans de coquets établissements entièrement fleuris où coulent de petites cascades alimentant des bassins d'eau fraîche. Nous découvrons dans cette ville l'ancêtre de la climatisation, les *badguir*, ou les tours des vents, qui sont de grandes tours où circule l'air de façon verticale, afin de rafraîchir les pièces de vie. Depuis les toits, nous apercevons continuellement en arrière-plan, le mont Shir Kuh, que nous gravirons à pied. On trouve d'ailleurs à 3 500 mètres, ainsi qu'à son sommet à 4 055 mètres, de petits refuges en forme de demi-tonneau. L'ascension ne doit être que rarement enneigée, mais la balade au milieu de ses rochers rouges est saisissante.

Au nord du pays se trouve le massif des Alborz, qui est une immense chaîne de montagnes séparant la mer Caspienne des grandes plaines où Téhéran a fait son nid. Depuis la station d'Abali, en descendant au nord, face au volcan Damavand (5 610 m), une infinité de possibilités à ski se déroule devant nos yeux. Nous passerons quelques jours à nous acclimater, autour du charmant petit village de Lasem. Dans ce hameau, habité à l'année par Neymat le berger, il faut un peu s'organiser. Le chasse-neige met quelques jours avant de déneiger la route, et c'est ainsi que lors de notre visite nous avions fait dix kilomètres à ski sur la route pour rejoindre la maison de notre hôte. Notre venue, en plein cœur de l'hiver, fut un peu surprenante pour Neymat, les touristes n'arrivant souvent qu'à partir du printemps. La bergerie, judicieusement située au rez-de-chaussée, protège le troupeau de la rudesse de l'hiver et sert de chauffage

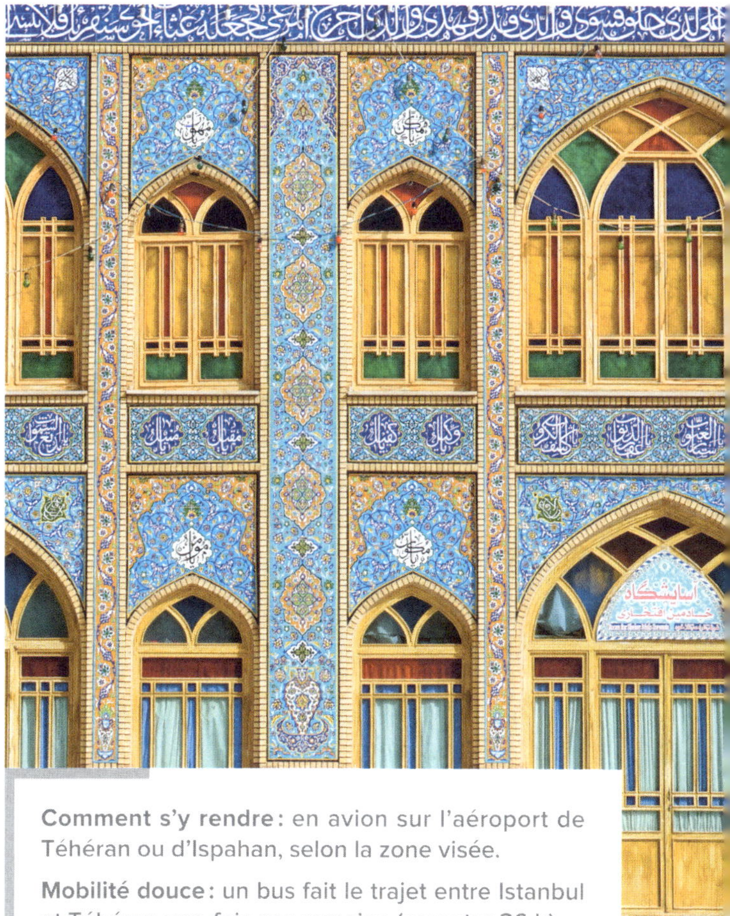

**Comment s'y rendre :** en avion sur l'aéroport de Téhéran ou d'Ispahan, selon la zone visée.

**Mobilité douce :** un bus fait le trajet entre Istanbul et Téhéran une fois par semaine (compter 36 h).

**Période :** on peut skier tout l'hiver, mais on privilégiera le début de saison pour les Zagros (janvier, février) et la fin de saison pour les Alborz (mars, avril).

**Déplacement/logistique :** il semble compliqué d'évoluer sans un prestataire local. Il faut un permis pour le volcan Damavand.

**Où dormir :** on trouve partout des maisons d'hôtes. À Lasem, il faut faire appel à un guide local, pour être sûr que le berger puisse vous accueillir au village.

**Où manger :** la cuisine est très raffinée. À noter qu'il n'y a pas d'alcool, du moins dans la sphère publique.

**Formalité :** un visa électronique est à faire avant le départ.

**Matériel spécifique :** pas de matériel particulier.

**Régime politique :** république théocratique islamique. La constitution de 1979, promulguée par l'ayatollah Khomeini, est très explicite : toutes les institutions et les activités de l'Iran doivent suivre la loi coranique et sont sous la tutelle du pouvoir religieux.

**Monnaie :** le Rial iranien

**Un film :** *Téhéran tabou* (2017) de Ali Soozandeh.

**Ci-dessus**
*Les belles couleurs de la mosquée d'Aran O Bigdol à Kashan, petite ville au sud de la capitale Téhéran.*

“D’ici, la vue donne
le vertige, car comme
tous les volcans,
il est très proéminent.

*C'est l'heure de rentrer les moutons, et nous-mêmes, pour une soirée réconfortante chez Neymat, le berger de Lasem.*

central à l'étage supérieur de la maison. Heureux de nous recevoir après de longues semaines d'autarcie, il choisit l'une de ses brebis, la tue devant nous et, après l'avoir dépecée et vidée, prépare le repas ; une entrée en matière des plus pittoresques, mais tout à fait à l'image de ce que nous étions venus chercher. Éclairés par une faible lumière, perdus au milieu des montagnes iraniennes à partager le même plat de viande tous ensemble assis par terre, cette soirée nous marqua à jamais.

La chaîne du Doberar faisant face au village est une immense crête culminant à plus de 4000 mètres d'altitude. Les combes sont toutes plus skiantes les unes que les autres, et l'on a toujours une vue splendide sur le volcan Damavand (5610 m). La neige reste fraîche et légère, car d'orientation principale nord. Fin prêts pour le volcan, nous coupons la montée en deux, en dormant au refuge de Bargah Sevom (4050 m). D'ici, la vue donne le vertige, car, comme tous les volcans, il est très proéminent. Les nuages étant plus bas que nous, la sensation de vide et de profondeur est exacerbée. Le refuge, tenu par un Kurde diablement sympathique, ressemble à une prison avec ses chambres spartiates, son atmosphère glaciale et ses WC taillés dans la glace. Après une journée de repos pour parfaire notre acclimatation, nous finirons l'ascension par un jour sans vent, au milieu des fumerolles. La vue porte de la mer Caspienne, d'un côté, jusqu'à Téhéran, de l'autre.

J'ai un souvenir indélébile de mon dernier voyage en Iran : moins de 24 heures après avoir quitté le sommet du Damavand, nous nous retrouvions les pieds dans le sable, marchant dans les dunes, escortés par des chameaux. Le contraste fut absolument saisissant. Dans ce pays où s'opposent gouvernement et populations, montagne et désert, l'intensité de nos rencontres n'en fut que plus puissante. Quand le calme reviendra en Iran, nous irons de nouveau rendre visite à Mehdi le montagnard et Neymat le berger.

**Double page précédente**
*Sensation de très haute altitude en arrivant au refuge Bargah Sevom, à 4220 m, sur le volcan Damavand.*

**Page de gauche**
*Les visites de mosquées et autres madrasas sont toujours des moments forts d'un voyage en Iran.*

**Double page suivante**
*Belle poudreuse au-dessus de lac de Charvak.*

# L'Asie centrale

# Ouzbékistan

— Skier aux portes du désert du Kyzylkoum

Skier en Ouzbékistan, c'est décider de faire un voyage dans un conte des 1001 nuits, dans un pays où tous les massifs sont encore à explorer. Entre *madrasas* et pentes vierges, on vous emmène skier dans le désert du Kyzylkoum.

**Double page précédente**
*La mosquée du village de Tekeli, au Kazakhstan, devant le principal sommet du secteur, où nous vivrons une belle journée de ski.*

Dans mon imaginaire, l'Ouzbékistan a toujours rimé avec « Route de la soie », et « Conte des 1001 nuits ». J'ai depuis toujours eu envie de découvrir Samarcande et Boukhara, deux cités multimillénaires que les récits de voyage décrivent élogieusement. Et comme souvent lorsque l'on attend quelque chose depuis longtemps, on a peur d'être déçu.
C'est dans cet état d'esprit que nous découvrons les abords du désert du Kyzylkoum et la bourgade de Nourata. Nous y rencontrons des habitants attachants et des enfants vraiment amusés par nos skis. Malgré les rudes hivers ouzbeks, peu de neige résiste aux assauts du désert sur ces montagnes qui semblent tout droit sorties d'un océan de sable. Et malgré une belle poudreuse sur des pentes peu raides, nous avons moins skié que joué avec les enfants du village de Langar. Les paysages dorés du désert du Kyzylkoum au loin, agrémentés de quelques bergers à cheval ramenant les troupeaux au village, composent un tableau particulièrement évocateur d'Asie centrale.

Le réveil à Boukhara est enchanteur. Nous nous éveillons dans une cité magnifiquement restaurée, où *madrasas*, mosquées et minarets se partagent le devant de la scène. Les couleurs ocre des pierres, associées aux bleus des céramiques, apaisent toutes mes craintes.

*La vue sur les montagnes de l'Ouzbékistan s'élargit rapidement en montant au-dessus du village de Gelon.*

**Comment s'y rendre :** en avion sur la capitale, Tachkent.

**Mobilité douce :** il faut prendre le Transsibérien jusqu'à Omsk en Russie, puis changer pour Astana, puis encore pour Tachkent.

**Période :** février/mars pour les itinéraires présentés. Plus tard pour les hauts sommets (Chimgan, au nord-est du pays).

**Déplacement/logistique :** impossible de faire ce séjour sans baragouiner les bases de la langue russe, sinon il faut passer par un prestataire local. Mais peu d'entre eux sont capables d'organiser un tel voyage, par manque de connaissance du ski.

**Où dormir :** on trouve des hôtels ou maisons d'hôtes dans chaque ville. Ailleurs, c'est plus compliqué. Attention, en Ouzbékistan, il faut avoir une preuve de son lieu de séjour pour chaque nuit passée dans le pays, sinon l'amende peut être salée.

**Où manger :** ce n'est clairement pas un voyage gastronomique, comme peut l'être une destination du Moyen-Orient, cependant on trouve à manger des *chachliks* presque partout. L'alcool est peu répandu, notamment dans le sud.

**Formalité :** pas de visa pour un séjour inférieur à 30 jours.

**Matériel spécifique :** pas de matériel particulier.

**Monnaie :** le Sum.

**Un livre :** *Samarcande* d'Amin Maalouf.

Je découvre enfin l'Ouzbékistan comme je l'avais rêvé. Le minaret et la mosquée Kalon accaparent toute notre attention, mais, en se retournant, c'est la *madrasa* Mir-i Arab qui jaillit, haute et majestueuse, escortée par ses deux dômes. Les céramiques créent un imbroglio de couleurs ocre, bleu, vert, le tout surplombé par d'immenses coupoles d'un bleu turquoise profond.

En Ouzbékistan règne encore l'art du hammam. Tradition séculaire empruntée aux Romains, les Arabes en ont fait un art de vivre qu'ils ont exporté ailleurs. C'est un lieu de vie central dans la société ouzbek, où l'on se lave, on se rencontre, on débat. D'un côté se trouvent les hommes, de l'autre les femmes. Non contents de venir découvrir ça de nos propres yeux, nous sommes aussi passés sous le rouleau compresseur des masseurs. Ici, pas d'anamnèse avant de vous plier le cou en quatre.

« Je découvre enfin l'Ouzbékistan comme je l'avais rêvé [...]. Les céramiques créent un imbroglio de couleurs ocre, bleu, vert, le tout surplombé par d'immenses coupoles d'un bleu turquoise profond.

**À gauche**
*Les mausolées et mosquées du site de Chah-e-Zindeh à Samarcande sont un des incontournables du pays, voire de toute la région.*

**En haut**
*Lumière du soir sur la madrassa Mir-i Arab dans la ville de Boukhara, une autre étape qu'il ne faudra pas manquer.*

Avec la sensation d'avoir été piétinés par les armées de Tamerlan[1], nous finissons la journée autour du bassin central entouré de *madrasas* s'illuminant aux lueurs du crépuscule.

Sur la route des villes de la soie, entre Boukhara, Sharbrizaz et Samarcande, nous faisons une embardée sur la droite : l'appel des montagnes, dirons-nous. Elles sont belles, elles sont hautes, mais elles sont surtout sauvages. Peu de routes permettent de s'en approcher, et celle menant à Gelon est plutôt une piste chaotique, inondée de boue et de glace. Loudmila et son âne nous dérouillent l'affaire, hélant Ahmed, qui arrive au volant de sa Lada Niva hors d'âge. En un instant, les skis sont accrochés sur le toit avec un bout de ficelle, et nous voilà embarqués dans ce tombeau métallique. Le village est l'occasion d'un saut dans le Moyen Âge avec des rues pavées, des enfants qui jouent en tee-shirt par -15 °C et toute l'étable qui se promène au milieu. Nous ferons une de nos plus belles journées de ski, au cœur d'une magnifique combe suspendue à la pente parfaite, recouverte d'une poudreuse légère. Un ancien du village nous dit n'avoir jamais vu de skieurs, c'est chose faite, et avec style. Ici, tout reste à faire et plusieurs villages parsèment le paysage. Un peu d'audace, de langue russe et un brin de chance (ou un bon prestataire local), permettront aux prochains randonneurs de réaliser un beau raid à ski en itinérance.

Samarcande est peut-être la ville la plus connue d'Asie centrale, notamment grâce au livre éponyme d'Amin Maalouf. C'est l'un de ces endroits où l'on devient naturellement poète, où l'on (re)tombe amoureux, où l'on reste pantois face à la beauté de la pierre, mais aussi face à l'art des hommes d'autrefois. La place du Régistan est un endroit que tout le monde devrait voir au moins une fois dans sa vie et s'asseoir là au coucher du soleil en état de contemplation… sans rien faire, juste penser. Dans cette ville, on se noie dans des océans de mosaïques bleues, surplombés de peintures à la feuille d'or.

En allant skier vers la frontière tadjike, à l'est de Samarcande, nous sommes peu confiants sur nos chances de réussite, car l'armée veille au grain, et s'amuser à skier sur la frontière est formellement défendu (d'autres ont échoué avant nous). Sûrement parce que se montrer est toujours mieux que de se cacher, nous disons bonjour à tout le monde, nous demandons même si nous pouvons nous garer et nous profitons d'une belle journée de poudreuse au-dessus de la plaine désertique. Alors, peut-on y aller sereinement ? Ou est-ce toujours interdit ? Même les bergers locaux ne savent pas nous répondre.

On ne pourra pas échapper à l'envie de découvrir le seul endroit où l'on skie fréquemment en Ouzbékistan ; autour du réservoir de Charvak et du village de Chimgan. C'est ici que s'est construite la seule vraie station du pays, grâce à des investissements monstrueux. Tout y est : canons à neige, dameuses, motoneiges… Il ne manque plus que les skieurs, car, malgré tous ces efforts, elle reste inexorablement déserte. Juste à côté se trouve une station de ski datant de l'URSS, Beldersoy, dont le seul télésiège est à l'agonie. Il nous amène à quelques centaines de mètres d'un camion de l'armée abandonné, surmonté d'une antenne sphérique, ambiance ex-URSS. À quelques encablures se trouve un vieux refuge, un centre hydrométéorologique où nous discutons un peu avec le chercheur terré ici pendant de longs mois. Nous profitons du froid intense, pour dévaler les pentes dans une poudreuse légère et faisons les derniers virages de ce voyage, face au lac de Charvak.

**Page de droite**
**En haut**
*Enfants ouzbeks jouant dans les rues du village de Langar, aux portes du désert du Kyzylkoum.*
**En bas**
*Vieux Ouzbeks en visite au site de Chah-e-Zindeh de Samarcande.*
**Double page suivante**
*Un de mes plus beaux moments de ski dans le centre asiatique, au-dessus du village de Gelon.*

1 — Guerrier turco-mongol du XIVe siècle originaire de la région de Chakhrisabz, au sud de Samarcande, connu pour ses destructions et massacres, il aurait décimé environ 5 % de la population de la planète.

## LES ITINÉRAIRES

Loin d'être un topo exhaustif, cette partie se présente plutôt comme une introduction du ski dans chaque zone. Excepté autour de Charvak, où le ski de randonnée est fréquent, nous avons skié dans des zones où il n'y a aucune information. Nous étions à la recherche de « nouvelles » montagnes. À chacun d'inventer son propre voyage, au gré des rencontres et des envies.

### RÉSERVOIR DE CHARVAK

**1. BELDERSOY, KOUMBEL (*КУМБЕЛЬ*, 2 307 M)**

Plus confidentielle, cette mini station de ski compte deux remonte-pentes, mais le deuxième est hors d'usage. On pourra jouer sur les crêtes et combes à droite et à gauche du télésiège.

D+/-: entre 500 et 1 000 m

**2. LE PETIT CHIMGAN (*МАЛЕНЬКИЙ ШИМГАН*, 2 097 M)**

Se garer sur le bord de la route et remonter la croupe au-dessus, jusqu'à un col un peu au nord sur la crête descendant du petit Chimgan. De là, on peut skier de très belles pentes est et nord avec une vue magnifique sur le lac.

D+/-: 800 m

### RÉGION DE NOURATA

**PIC LANGAR (*ЛАНГАР*, 1993 M)**

Au-dessus du village de Langar, non loin de la ville de Nourata s'élève un petit sommet, ainsi que des pentes nord assez douces. Mais on ne vient pas vraiment ici pour skier, plus pour partager un moment avec les habitants et les enfants.

D+/-: 700 m

### RÉGION DE BOYSUN

**COL DE DOUGOBA (*ДУГОБА*, 1980 M)**

Col routier au-dessus du village de Boysun, il est possible de randonner autour, mais attention à l'accès plus que scabreux même en 4x4. Les habitants et notamment les bergers sont très accueillants.

D+/-: 600 m

### RÉGION DE SAMARCANDE

**1. GELON, SOMMET ANONYME (3 050 M)**

Du village de Gelon, s'engager à travers les vergers vers l'est du village jusqu'à un col à 2 690 m. De là, on peut voir le village de Kul. On peut alors remonter une combe hors de notre vue depuis le début en obliquant au sud-est, jusqu'à un replat.

D+/-: 1050 m

**2. MOGOL, SOMMET ANONYME (2 300 M)**

Depuis le village de Mogol, continuer jusqu'à Tanga Topdi. On peut se garer un peu plus loin, à côté d'une maison en demandant la permission. Ici la zone est plus ou moins autorisée, plus ou moins interdite. De notre bergerie, on peut remonter les pentes en direction des sommets au sud.

D+/-: 800 m

*Ayant troqué nos skis contre leurs luges, nous dévalons tous ensemble les pentes du village de Langar.*

# Tadjikistan, Fansky et Pamir

— À ski sur les plaines d'altitude du Pamir

Le Tadjikistan est un pays de montagnes. Presque l'intégralité du territoire en est tapissé notamment du côté du Pamir où les hauts plateaux côtoient les 4 000 mètres, surplombés par des pics acérés aux patronymes explicitement communistes. Voyage au pays de l'oxygène rare sur fond d'ex-URSS.

Le Tadjikistan est l'une de ces républiques postsoviétiques créées lors de l'éclatement de l'URSS en 1991. Avec l'effondrement du régime communiste, les républiques d'Asie centrale éclosent et les problèmes frontaliers émergent. Il fut bien impossible de créer des états réunissant un seul groupe ethnique, aussi bien que de partager les richesses du sous-sol de façon égale. Qui plus est, et c'est sûrement l'un des points cruciaux en Asie centrale, quand on parle de ressources en eau, la large frontière avec l'Afghanistan, qui est un fleuve, le Piandj, est l'un des talons d'Achille du Tadjikistan. L'instabilité qui résulte de cette frontière est difficilement gérable, politiquement parlant, notamment depuis la reprise de l'Afghanistan par le régime taliban. C'est dans ce contexte incertain et très tendu que nous arrivons à Douchanbé. Après avoir loué un gros 4x4, spécialement préparé pour la montagne (ce qui est le minimum pour affronter les gués et les routes défoncées en très haute altitude), nous prenons la route du Pamir. Khudoguy, le loueur, nous assure que la Pamir Highway (ou M41) est très bonne

**Page précédente**
*Virages volés à une incursion hivernale sur les pentes du désert du Kyzylkoum.*

*Instant farniente sur les bords d'un lac dans la vallée de Soming dans le massif des Fansky.*

jusqu'à Quaila Khum, et qu'elle ne devient chaotique qu'après. Bien renseignés, mais tête en l'air, nous nous engageons sur la mauvaise route, enfin… le bon itinéraire de juillet à octobre, mais quasi impraticable le reste du temps. Quelques heures plus tard, toujours cramponnés à notre volant, nous devenons de vrais conducteurs de rallye, glissant sur des pans entiers de boue, traversant une rivière, de l'eau jusqu'à mi-portières, slalomant entre les blocs, pour arriver au col à 3 252 mètres. La suite jusqu'au village de Quaila Khum a tout d'une descente aux enfers. Dans la nuit noire, nous évitons les énormes rochers gisant au milieu de la route et flirtons avec les précipices. C'est un peu blêmes que nous arrivons chez notre hôte qui, les yeux écarquillés, nous explique que nous sommes les premiers de l'année à passer ce col. En effet, il existe une route toute neuve longeant la frontière afghane, sécurisée par

## LES ITINÉRAIRES

Peu de gens ont eu le plaisir de skier au Tadjikistan, notamment parce que le ski dans ce pays est très engagé. Pas ou peu de secours, pas ou peu d'agence capable d'organiser un tel voyage, et surtout personne sur place étant capable de donner des informations fiables. Bref, c'est l'aventure, du ski à vue, sans informations.

### 1. FANSKY, ISKANDERKUL, GLACIER SOMING (*СОМИНГ*)

Du village de Saratok, dépasser la mine, en négociant avec le garde, puis aller se garer le plus haut possible dans la vallée de la rivière Soming. On peut monter bivouaquer au replat à 3 350 m. Après le long plat, le glacier commence, on peut sortir dans des couloirs rive gauche ou plutôt rive droite sur un grand replat.

D+/-: 1600 m

### 2. FANSKY, COL D'ALAUDIN (*АЛАУДИН*, 3 780 M)

Du hameau de Vertikal (*вертикаль*), monter au lac éponyme, puis plein ouest dans la grande combe du col.

D+/-: 1100 m

### 3. PAMIR, SOMMET ANONYME (5 080 M)

Bien visible au sud depuis le col de Koj-Tezek sur la M41, ce sommet en forme de corne s'approche par un ensemble de pistes et de hors-pistes en 4x4 dans la vallée du col de Karadara. Ensuite, on remonte jusqu'à une faiblesse dans la paroi qui nous amène sur le grand plateau sous les sommets jumeaux. La suite est évidente.

D+/-: 1000 m

### 4. PAMIR, CHASHA (5 020 M)

Encore un sommet sans nom, mais renommé pour l'occasion, au sud de Bulunkul. Une piste mène à un pâturage assez haut. On passe d'abord un col, puis on prend au sud une belle combe pour rejoindre le sommet.

D+: 850 m

### 5. PAMIR, SOMMET ANONYME (4 800 M)

Juste au-dessus du lac de Yashilkul. On peut remonter des petits canyons qui gardent la neige tard en saison.

D+: 800 m

*Au fond de la vallée de Soming, après un bivouac sous la tente, nous trouvons un beau glacier aux pentes régulières. L'isolement est total.*

les militaires. Nous sommes dépités et honteux de notre erreur. Tellement obnubilés par la frontière afghane, nous n'avions pas vu qu'une route courait sur toute sa longueur et nous avions pris le raccourci estival par les montagnes.

Malgré cela, nous avons profité des hauts plateaux du Pamir pour faire de belles sorties à ski. Les sommets sont nombreux et presque tous vierges. Du moins, il n'existe aucune information, et il faut tout skier à vue. Après avoir trouvé un petit village pour dormir, nous sommes allés en 4x4 au plus près possible de la neige pour ensuite gravir des sommets culminant tous autour de 5000 mètres. Ceux avec la vue sur le lac Yashilkul sont sensationnels, avec en toile de fond l'immensité bleue encore partiellement gelée. En cette fin de printemps, nous avions encore un peu de poudreuse sur les cimes et de la neige décaillée plus bas. C'était assez rassurant d'un point de vue nivologique. Nous en savons gré, car le sentiment d'isolement est maximal dans cette région du globe. Bien entendu, il n'y a pas de réseau téléphonique, mais surtout, la première vraie ville se situe à plusieurs journées de 4x4.

Sur ces hauts plateaux, des sources d'eau chaude naturelles parsèment le paysage. Si l'on ne tombe pas dessus par hasard, les locaux ont aménagé le site. Et c'est avec un bonheur immense qu'en descendant de notre journée de ski nous tombons nez à nez avec une masure en pierre, seule face à l'immense lac Yashilkul. Attiré depuis toujours par les cabanes en montagne, je pousse la porte par curiosité. Les habitants de Bulunkul ont érigé quatre murs et un toit au-dessus d'une source naturelle d'eau chaude à 4000 mètres d'altitude, ainsi qu'une sorte de retenue permettant d'y prendre un bain, un souvenir gravé à jamais. À notre retour au village, les enfants nous attendaient pour une partie de foot ; à presque 4000 mètres, nous avons perdu, le souffle court. Les habitants, tous plus accueillants les uns que les autres, nous invitent à partager une soirée, une sorte de fête de l'école. Chants, danses, tout y passe, et nous sommes bien sûr obligés de danser, seuls devant toute l'assemblée. Lors d'un mariage, tout le clan se réunit autour des mariés, hommes et femmes séparés, et ce n'est qu'au bout de deux jours que tous se retrouvent ensemble. La danse de l'aigle très pratiquée rappelle l'oiseau sacré du zoroastrisme cher aux Tadjiks. Les femmes portent un chapeau rond représentant la rondeur du soleil ou sont coiffées d'un voile, mais ne se cachent pas le visage.

Autour de nous s'élèvent des centaines de montagnes, et le terrain est particulièrement propice au ski. Des traversées incroyables, de lac en lac, sont envisageables. La région est recouverte de neige tout l'hiver et la route M41

**Comment s'y rendre :** en avion sur Douchanbé, la capitale.

**Mobilité douce :** on peut venir en Transsibérien à Omsk, puis sur Tachkent via Astana. Mais ensuite, il faut traverser la frontière à Pendjikent qui subit régulièrement des fermetures sans préavis pour les étrangers. Ou alors, via la Kirghizie et Osh, et le col de Kyzylart, mais le problème de frontière reste le même.

**Période :** compte tenu de l'engagement, il semble préférable de viser le printemps pour le Pamir. Pour les monts Fansky, il est envisageable d'y skier tout l'hiver.

**Déplacement/logistique :** compliqué à organiser seul. Notamment pour les problèmes de langue. Encore une fois, on parle russe dans la région.

**Où dormir :** dans les villes on trouve des hôtels ou guesthouses. Dans les villages, il faut discuter et on trouve toujours à s'arranger.

**Où manger** : comme dans toute l'Asie centrale, on mange plutôt basiquement au Tadjikistan. L'alcool est peu répandu, à part la vodka.

**Formalité :** pas de visa pour les séjours de moins de 30 jours.

**Matériel spécifique :** un seul itinéraire présenté ici est glaciaire. Donc, à moins de l'éviter, il faudra prendre tout le matériel nécessaire. Sinon une paire de crampons et un petit piolet suffisent.

**Monnaie :** le Somoni.

**Un livre :** *Alpinistes de Staline* de Cédric Gras.

**Un film :** *Octobre blanc* ou *Fedchenko, le glacier oublié* de Christophe Raylat.

**Page de gauche**
**En haut**
*Petite Tadjike de prime abord timide, puis bien contente qu'on lui apporte de l'attention, dans le village de Bulunkul, sur les hauts plateaux du Pamir.*

**En bas**
*Avec le Tadjik qui nous accueille, nous étudions la carte pour notre virée à ski du lendemain, sur les bords du lac Yashilkul.*

est un axe stratégique et donc continuellement déneigé pour permettre aux camions de passer. Mais l'isolement de la région, la très haute altitude et le manque d'information rendent l'entreprise compliquée et exigeante.

Nous continuerons le voyage au nord du pays, dans le massif des Fansky, plus bas en altitude, avec des sommets gravitant autour de 4000 mètres (exception faite de quelques 5000, comme le Zamok ou le pic Energy). De nombreuses vallées plus ou moins éloignées de Douchanbé offrent la possibilité de skier, notamment vers le tunnel d'Anzob que l'on compare au « Mordor » tellement sa traversée en voiture est effrayante. Dans une fumée opaque et le noir le plus complet, la sortie du côté opposé est comme une renaissance. Quelques personnes, notamment des expatriés, skient dans ce massif chaque hiver, on y trouve donc de brèves informations. La région est tachetée de petits lacs glaciaires aux couleurs turquoise fantastiques. Lors de notre ascension du glacier Soming, nous avons dû traverser une rivière avec de l'eau jusqu'à mi-cuisse et porter le matériel de bivouac afin de couper l'ascension en deux. Mais quel sentiment d'isolement et de pureté, le soir venu ! Les couleurs orangées qui meurent sur les sommets et le glacier, et rien que nous sur cette montagne… peut-être même dans tout le massif, qui sait ?

**Ci-contre**
*Poudreuse printanière inattendue, sur les hautes montagnes du Pamir. Ici à 5000 m, on se contente de dénivelé modeste tant l'air vient à manquer.*

**Double page suivante**
*Sur les bords du lac Yashilkul, et plus généralement sur tous ces plateaux d'altitudes, l'observation des yacks est l'une de mes activités préférées.*

> « Les sommets sont nombreux et presque tous vierges. Du moins, il n'existe aucune information, et il faut tout skier à vue.

# Kirghizistan

— À cheval, ou encore à ski, au pays des nomades

Cette petite république d'Asie centrale, que l'on appelle également la « Suisse d'Asie centrale », est presque intégralement recouverte de montagnes et de lacs. L'hiver, les steppes kirghizes se tapissent de neige et l'éventail des possibilités à ski est gigantesque.

Le Kirghizistan (en turc, cela veut dire « celui qui erre dans les steppes ») est le pays le plus ouvert de la région et celui qui s'est le plus rapidement mis à accueillir des touristes. Cependant, les formalités frontalières et l'omniprésence des képis militaires nous ramènent rapidement à la réalité : nous sommes bien en Asie centrale. Dans ce pays qui n'est finalement qu'une gigantesque zone montagneuse, il va falloir faire des choix sur les régions à visiter. Aimant beaucoup les lacs, il me semble assez logique de me diriger vers l'immense lac Issyk-kul. Une anecdote notable raconte que la peste noire de 1350 trouverait son origine chez les marmottes vivant autour de ce lac. Heureusement pour nous, en hiver, elles hibernent.

Malgré des prévisions météo catastrophiques, il fait grand beau lors de notre arrivée à Bichkek, et, après d'âpres négociations avec Alexeï notre chauffeur, nous modifions notre programme et partons skier sur les pentes qui surplombent la capitale. En voyage, il faut continuellement s'adapter et prévoir de changer ses projets. J'avais donc quelques idées « au cas où ». Nous fonçons à l'aube sur des routes complètement gelées vers la station de Zil encore endormie. Le paysage se prête

*Le groupe en route vers un sommet anonyme, au milieu des montagnes de la région de Jergalan.*

parfaitement au ski de randonnée avec des pentes douces recouvertes de poudreuse tout autour de nous. Ce qui devait être une petite promenade en sortant de l'avion s'achève en grosse bambée de six heures et 1 500 mètres de dénivelé. En guise de réconfort, après une trop petite nuit et une trop grosse mise en jambe, nous goûtons aux *chachliks*, des brochettes typiques d'Asie centrale, accompagné de bière. Heureusement, le groupe est raisonnable et calme les ardeurs du guide (moi) qui propose de se mettre immédiatement dans l'ambiance locale avec une

**Comment s'y rendre :** en avion sur Bichkek, la capitale.

**Mobilité douce :** en Transsibérien jusqu'à Omsk, puis Almaty et enfin Bichkek.

**Période :** de décembre à mars pour les itinéraires présentés ici. Mais il est possible de skier tout l'hiver au Kirghizistan.

**Déplacement/logistique :** il est possible de louer une voiture à conduire soi-même, mais faire appel à un prestataire local est plus aisé. On parle le russe presque partout et très rarement l'anglais.

**Où dormir :** on trouve des maisons d'hôtes presque partout, sinon il faut s'arranger avec les habitants. Les camps de yourtes appartiennent tous à la même entreprise.

**Formalité :** un visa est à faire à l'arrivée à l'aéroport.

**Matériel spécifique :** tout le matériel de ski sur glacier. Des skis larges (100 mm au patin minimum).

**Monnaie :** le Som Kirghize. *Sum* ou *som* veut dire « fric » ou « pognon » en vieux Sogdien. Il est utilisé sur tout un segment de la Route de la soie jusqu'à Kashgar.

**Un livre :** *Dans les pas du fils*, de Renaud François.

## LES ITINÉRAIRES

Ici, on présente quelques choix d'itinéraires, sélectionnés de façon complètement subjective. On peut skier presque partout dans le pays, des plaines de la capitale au sommet du pic Lénine à 7134 m. Ces choix permettent de se lancer dans une région, il ne reste plus qu'à inventer la suite.

### 1. STATION DE SKI DE ZIL – COL ANONYME (3200 M)

Depuis la station, s'élever d'abord par les pistes, puis directement au-dessus en suivant le vallon. On peut sortir où l'on veut à l'est, sur un col ou une antécime.
D+/-: 1500 m

### 2. VALLÉE DE SUUSAMYR – SOMMET ANONYME (3500 M)

Depuis l'un des hameaux, non loin d'une station-service sur la route principale, se garer et partir à ski vers le sud. Traverser la rivière et remonter un vallon immense vers le sud jusqu'à une antécime vers 3600 m.
D+/-: 1400 m

### 3. BARSKOON – SOMMET ANONYME (4470 M)

Assez loin sur le plateau, après une intersection, se garer sur le bord et partir au sud-ouest pour remonter la langue glaciaire la plus évidente. Jusqu'à son sommet rocheux, à 4470 m.
D+/-: 700 m

### 4. VILLAGE DE JERGALAN, CHOURIK (*ШУРИК*, 3100 M)

Superbe boucle, à faire dans le sens horaire depuis le village de Jergalan. Partir au sud-est dans la première vallée et remonter à un col à 2920 m. De la, basculer versant ouest pour rejoindre le village de Jergalan.
D+: 700 m

### 5. JERGALAN, CAMP DE YOURTE « TYUP »

Du camp de yourtes, il faut partir au sud-ouest et remonter un enchaînement de petits dômes jusqu'au vrai sommet à 3170 m. On pourra descendre à l'est ou faire l'aller-retour.
D+/-: 1000 m

### 6. JERGALAN, CAMP DE YOURTE « HEIGHTS »

Depuis le camp de yourtes, c'est le sommet évident situé au sud-est. Il faut d'abord continuer la route enneigée, puis gagner un grand plateau qui permet de rejoindre le sommet.
D+/-: 700 m

*Dans la vallée de Suusamyr, la vue porte tellement loin que les possibilités paraissent infinies.*

bouteille de vodka. Je tente un argumentaire à toute épreuve du genre : « La terre boit l'eau, l'arbre boit la terre, la mer boit l'air, la lune boit le soleil, pourquoi me quereller lorsque je veux boire ? » Cette dernière, trop littéraire, nous mettra tous dans le van, et nous donnera à méditer pendant les huit heures de route que nous avons à faire pour rejoindre notre prochaine destination.

Jergalan est une petite bourgade de l'Extrême-Orient kirghize faite de quelques maisons, mais surtout de camps de yourtes, installés pour les skieurs, où l'on dort confortablement. Une autre yourte fait office de salle à manger, tandis qu'une troisième abrite le *banya*, le bain russe qui sert à se prélasser, mais surtout à se laver. Trois camps identiques sont installés aux alentours et nous skierons tout autour. Malgré le côté très touristique de ces installations, c'est un endroit de rêve pour skier, avec une infinité d'itinéraires réalisables. La neige est souvent trop profonde pour nos petits skis d'Occidentaux et il faudra minimum 110 mm de largueur au patin pour se faire plaisir, alors sortez les gros skis. D'ailleurs, lorsqu'un Russe voit une trace de godille, il dit : « Encore un vieil Européen qui est venu skier ici ». On termine la journée en traversant le village skis aux pieds au milieu des vaches, des chevaux et des moutons accompagnés par le berger et ses enfants. C'est ce genre de tableau qui me pousse à venir, revenir et rêver constamment de nouveaux projets en Asie centrale.

Les Kirghizes sont des semi-nomades. Ils vivent pour la majorité dans des yourtes en montagne l'été, où ils s'occupent du bétail, et descendent au village le reste de l'année. La montagne étant déserte en hiver, il ne faut pas rater l'occasion d'un séjour estival, pour vivre et ressentir la tradition d'accueil nomade, une règle instituée à l'époque par Gengis Khan et entretenue au fil des ans, notamment par la religion musulmane.

Au sud du lac Issyk-Kul se trouve une piste qui monte jusqu'à presque 4 000 mètres, tortillant dans tous les sens pour éviter les langues glaciaires. Elle débute au village de Barkoon, où il est presque impossible de trouver un endroit où dormir sans demander l'hospitalité aux habitants. Ambiance garantie quand nous débarquons à 20 heures dans ce village et commençons à taper à toutes les portes pour demander le gîte : « *Mogu spat sdiec* » (« Je peux dormir ici ? ») Le lendemain, nous prenons la voiture pour atteindre, après plusieurs kilomètres, un immense plateau. Autour de la route s'étalent plusieurs dizaines de grands glaciers plats s'élevant rapidement vers des sommets flirtant avec les 5 000 mètres. Les possibilités sont immenses et le terrain est parfait pour imaginer des boucles plus ou moins longues et plus ou moins engagées. Nous reviendrons encore et encore dans cette vallée pour profiter de ces paysages de haute altitude et surtout de la superbe poudreuse.

*La yourte kirghize, un symbole de la vie des nomades, répandu dans toute l'Asie centrale.*

**Double page suivante**
*Dans la gorge de Barskoon, les glaciers s'étalent à perte de vue depuis la route qui permet de rejoindre une mine d'or.*

« Après plusieurs kilomètres, un immense plateau. Autour de la route s'étalent plusieurs dizaines de grands glaciers plats s'élevant rapidement vers des sommets flirtant avec les 5000 mètres.

*Les immenses glaciers autour de la route menant à la mine d'or de Barskoon. Ici, on skie à presque 5 000 m en se garant à plus de 4 000 m d'altitude.*

Encore plus à l'ouest, lorsque nous arrivons dans la vallée de Suusamyr, nous sommes littéralement au milieu d'un désert blanc. Seule la route que nous suivons nous rappelle à notre humanité. Sur plus de 50 kilomètres, à droite comme à gauche de la voiture, défilent d'innombrables sommets, tous parfaitement taillés pour le ski. Il serait possible de skier une vie entière sans faire deux fois le même itinéraire. Mais nous sommes vite rappelés à l'ordre, au col de Too-Ashu, par des effondrements de couches fragiles. Des bruits sourds débouchent nos oreilles à notre passage. La stabilité du manteau neigeux en Asie centrale est un concept assez flou. Il faut vraiment le voir pour le croire. Les fortes chutes de neige de début de saison précèdent de longs anticyclones particulièrement puissants. Et il n'est pas impossible de se retrouver avec des mètres de *gobelets*. Il devient alors très difficile de progresser, même avec des skis larges. Et lorsque la température se réchauffe, on assiste à une grande cavalcade d'avalanches dans la vallée. Cependant, il est toujours aisé de trouver des pentes douces et on réussira ainsi à skier plusieurs jours dans cette vallée sans jamais s'ennuyer.

**Page de droite**
**En haut**
*Pause photo dans un ancien wagon de chemin de fer lors d'une journée de mauvais temps vers Jergalan.*
**En bas**
*Le camp de yourtes, installé pour les skieurs, au village de Jergalan.*

# Kazakhstan

— De l'Altaï aux monts Célestes, en passant par la Dzoungarie

Plusieurs massifs, plusieurs saisons, plusieurs voyages. Il est difficile de résumer en quelques pages la diversité des possibilités de ski au Kazakhstan. De novembre dans les forêts de l'Altaï, jusqu'à mai sur les glaciers de Trans-Ili Alataou, il y en a pour tous les goûts.

En débarquant à l'aéroport d'Öskemen, en cette fin novembre, j'espère y trouver ce que mes amis russes appellent l'hiver sibérien. Sur le tarmac de cette petite ville kazakhe du nord oubliée, le thermomètre est bloqué à -35 °C, rien que ça ! Les routes sont entièrement tapissées d'une couche épaisse de glace, qui recouvre également les vitres des voitures ou les bancs des arrêts de bus… comme tout, finalement. Dans cette ambiance, l'eau liquide n'existe plus et même la grosse rivière Oulba est gelée. Nous la suivons jusqu'à la ville minière de Ridder. Plus loin, les forêts se perdent dans l'horizon, sûrement remplies d'ours et de loups (dont nous verrons les traces dans la neige). Depuis un petit hôtel soviétique, nous skions chaque jour une montagne différente. La neige est présente des marches de l'hôtel jusqu'aux sommets des montagnes, une poudreuse que l'on ne connaît pas chez nous. En fin de journée, nous rentrons en centre-ville, skis aux pieds, côtoyant sur les trottoirs les *babouchkas* vendant du miel. Nous comprendrons à nos dépens (ou plutôt à ceux de nos orteils), qu'en plein hiver, dans l'Altaï, cela ne sert à rien de skier en face nord, la poudreuse étant présente partout et tout le temps. Les températures, glaciales du matin jusqu'au soir, ne permettent pas à la neige de transformer, alors autant skier en face sud et profiter d'un peu de soleil pour se réchauffer.

**Page de droite**
**En haut**
*Charlotte dans un autre style de ski sur les dunes de Barkhan.*
**En bas**
*Ambiance bout du monde dans le village de Sati. J'aime l'accord parfait entre les couleurs du paysage et celles de la mosquée.*

## LES ITINÉRAIRES

Le Kazakhstan est un immense pays, parsemé de plusieurs massifs montagneux bien distincts. D'abord l'Altaï au nord, à la frontière russe. Puis les montagnes de la Dzoungarie, à la frontière chinoise, dans l'est du pays. Et enfin la Trans-Ili Alataou, qui fait la frontière avec le Kirghizistan au sud. C'est la partie la plus septentrionale des montagnes Célestes, ou Tian Shan. On présentera un peu de chaque massif, pour permettre à chacun de se projeter, puis de construire son voyage à son image.

### 1. ALTAÏ – RIDDER – SHARAVKA (*ШАРАВКА*) EN BOUCLE

Depuis le village de Sharavka, partir par une piste à l'ouest, juste après le pont principal. La remonter d'abord le long de parc à bestiaux, puis dans une forêt, et enfin suivre le versant jusqu'au sommet de la crête. Descendre sud-est dans de larges pentes, jusqu'au village.
D+ : 550 m

### 2. DZOUNGARIE – TEKELI – SOMMET ANONYME (2 050 M)

Depuis le village de Karatal, remonter une piste jusqu'à une ferme. De là, partir d'abord à plat vers l'est pour remonter une belle épaule jusqu'à un premier sommet bien individualisé. Descendre au nord jusqu'à un col et remonter l'arête raide, mais large vers le sommet principal. Descendre une épaule à l'ouest, jusqu'à la ferme.
D+/- : 1100 m

### 3. DZOUNGARIE – TEKELI – SOMMET ANONYME – ARÊTE NORD

En allant vers l'est sur la route principale, peu après le pont qui nous amène au centre-ville, partir plein sud dans le village. Repérer des épaules qui montent vers le grand plateau qui surplombe la route. On peut par exemple monter par l'une et descendre par l'autre.
D+/- : 900 m

### 4. TRAN-ILI ALATAOU – STATION COSMOS – PIC TOURISTE (*ТУРИСТ*, 3 954 M) ET TOURAN (*ТУРАН*, 4 103 M)

De la route, monter au pic Touriste et en descendre par un couloir dans la face est. Remonter au pic Touran par sa face nord, puis rallier le pic Touriste par l'arête séparant les deux sommets. Redescendre directement en face nord-ouest jusqu'à la route.
D+/- : 1500 m

### 5. TRAN-ILI ALATAOU – TUYUK-SU – PIC MOLODYOZHNAYA (*МОЛОДЕЖНЫЙ*, 4 103 M)

Du wagon où l'on dort, partir en direction de la station de sismologie, passer devant et remonter jusqu'à un col, puis au mieux, tantôt par l'arête, tantôt par la face nord, remonter au sommet. On peut descendre dans la face nord si les conditions sont stables.
D+/- : 800 m

### 6. TRAN-ILI ALATAOU – TUYUK-SU – COL ET ÉPAULE DU PIC TUYUK-SU (*ПЛЕЧО ТУЮК-СУ*, 4 140 M)

Remonter l'immense glacier de Tuyuk-Su jusqu'au col éponyme, puis gagner facilement le sommet de l'épaule. On pourra alors descendre dans la face nord-ouest jusqu'à rejoindre le glacier.
D+/- : 800 m

*Roxana fait voler la poudreuse au-dessus de Ridder, dans l'Altaï kazakh.*

*Raphaël et moi-même, encordés, lors de la fin de l'ascension du pic Molodyozhnaya dans les hautes montagnes de Trans-Ili Alataou.*

**Comment s'y rendre :** en avion sur Almaty ou Astana.

**Mobilité douce :** en Transsibérien sur Omsk ou Novossibirsk selon la région visée, puis encore en train et *marchroutka* pour le Kazakhstan.

**Période :** à partir de novembre pour le ski de poudreuse en basse montagne, et le printemps pour les glaciers de Trans-Ili Alataou.

**Déplacement/logistique :** faire appel à un « tout compris » semble être une bonne option, notamment, car il est presque impossible de se loger en montagne sans parler russe.

**Où dormir et manger :** à part dans les petits villages, il est très aisé, mais pas bon marché de se loger au Kazakhstan.

**Formalité :** un visa est à demander à l'aéroport. Le long de la frontière kirghize, il est constamment nécessaire de montrer son passeport.

**Matériel spécifique :** matériel glaciaire nécessaire pour la région de Tuyuk-Su. Les randonnées présentées en Altaï et Dzoungarie ne sont pas glaciaires.

**Monnaie :** le Tenge.

**Un film :** *Tomiris* (2019) d'Akan Satayev.

Pour quitter ce paradis glacé, nous prenons le train. Ici comme en Russie, le train est le moyen de transport à privilégier, un catalyseur de rencontres. On prend son temps, on discute, on partage un thé ou même un repas. Prendre le temps de prendre son temps. C'est peut-être ça le luxe du XXIe siècle. Il nous faudra 30 heures de rail pour rejoindre notre prochaine destination, Tekeli, une ville thermale entourée de montagnes. Nous voilà en Dzoungarie, un massif montagneux formant la frontière avec la Chine. Sur les cartes, ce sont des centaines de kilomètres de montagnes s'élevant parfois au-dessus de 4 000 mètres, recouvertes de glaciers et de neige tout l'hiver. Cette région est considérée comme le troisième pôle, la région du monde la plus éloignée de toute mer (restaurant de sushi non recommandé !). Seulement quelques rares chanceux y ont fait du ski. Au-dessus du centre-ville, à peine caché par le dôme bleu d'une mosquée, domine un sommet arrondi exceptionnel, une magnifique montagne parfaite pour le skieur de randonnée. Elle se skie de tous les côtés, par les épaules ou les couloirs plus raides. Du sommet, au coucher du soleil, lorsque le paysage s'embrase, nous dévalons ses pentes, et tombons presque nez à nez avec des cavaliers. Chacun sur nos montures, nous nous observons curieux, avant d'échanger quelques mots autour d'un verre de vodka.

Encore un peu plus au sud, après l'immense lac gelé de Kapchagaï, Almaty se love au pied des montagnes de Trans-Ili Alataou. Comme une haute barrière naturelle, elle sépare le Kazakhstan de son petit frère kirghize.

“Autour de nous, écrasant de superbe, se trouvent une enfilade de sommets de 4000 mètres. L’analogie avec le bassin d’Argentière n’est pas chimérique. La raideur des faces donne raison à notre venue tardive.

*Charlotte, sur un quai de gare kazakhe, s'en va vers un ailleurs… Toujours avec sa housse à skis, et vers des pays en « -stan ».*

Du centre-ville, on aperçoit les sommets de presque 5 000 mètres et les grands glaciers qui en descendent. On retrouve la neige en seulement quelques minutes de bus. Plusieurs stations parsèment le paysage, et permettent de raccourcir de trop longues randonnées à ski. En plein hiver, il est cocasse de prendre le bus pour aller skier, travailleurs en costume et skieurs se côtoyant.

Nous reviendrons quelques mois plus tard pour skier les hautes montagnes. Alex a réussi la prouesse de monter un wagon au pied du glacier de Tuyuk-Su. Oui, un wagon de chemin de fer qu'il a aménagé en petit refuge. On s'y sent comme à la maison, mais le confort est plus que spartiate, pas de douche, pas de cuisine, pas de toilettes… Autour de nous, écrasant de superbe, se trouvent une enfilade de sommets de 4 000 mètres. L'analogie avec le bassin d'Argentière dans le massif du Mont-Blanc n'est pas chimérique, comme un double, mais en plus sauvage. La raideur des faces donne raison à notre venue tardive dans la région et nous sommes ravis de ne pas craindre les avalanches en cette fin de printemps. Nous ne croiserons personne en une semaine, à part un sismologue. Hérité de l'URSS, un laboratoire de sismologie est toujours en activité et, comme le côté grégaire de l'homme est plus fort que la barrière linguistique, nous passerons de longs moments ensemble, à s'échanger moins de banalités que de « *Za vache zdarovié !* » (« À votre santé ! »)

**Double page précédente**
*Paysage de très haute montagne glaciaire vers le col Tuyuk dans le massif des Trans-Ili Alataou.*

**Page de gauche**
**En haut**
*Le* bouzkachi, *le fameux jeu équestre d'Asie centrale, rendu célèbre par le livre de Joseph Kessel,* Les Cavaliers. *Le but est d'aller déposer une chèvre décapitée dans un but à l'autre bout du terrain. Tous les coups sont permis, bien sûr.*

**En bas**
*Un cavalier kazakh, croisé au détour d'un chemin, en route pour quelques emplettes par -25 degrés.*

# Chine, Xinjiang

— Au cœur de l'Asie centrale, le père des montagnes de glace

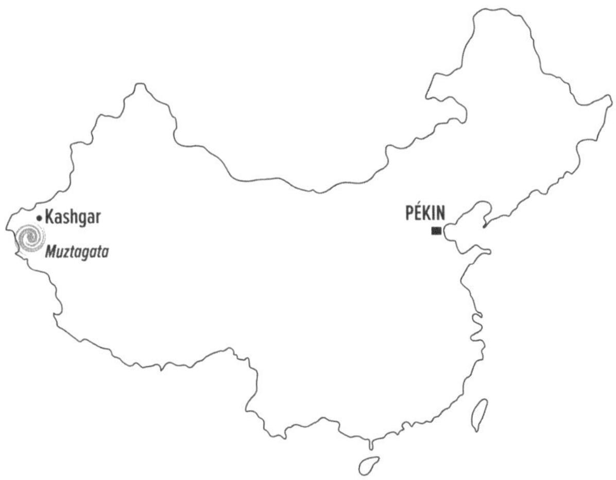


Véritable carrefour d'Asie centrale, le Xinjiang est le lieu où convergent les montagnes, les déserts et les peuples. Au centre se dresse le père des montagnes de glace, le Muztagata et ses 7 546 mètres.

**Ci-dessus**
*Arrivée au camp 2 : les chutes de neige incessantes ont eu raison de l'aménagement de notre campement.*

Le Xinjiang, autrefois appelé Turkestan oriental, est une région autonome chinoise située tout à l'ouest du pays. Ancienne oasis, sa position stratégique entre les hautes montagnes du Pamir et le désert du Taklamakan en faisait une étape essentielle pour les marchands de la Route de la soie. Ici, les habitants sont des Ouïghours, un peuple turcophone, au faciès très

« centre-asiatique ». Ce peuple musulman est plus tourné vers l'Asie centrale et ses peuples frères que vers Pékin, située à 6 000 kilomètres vers l'est. Les Ouïghours de Kashgar furent convertis à l'islam par les marchands de la Route de la soie. Aujourd'hui encore, nombre d'entre eux appartiennent à l'ordre soufi de Boukhara ou de Samarcande, en Ouzbékistan.

**Comment s'y rendre :** en avion sur Kashgar.

**Mobilité douce :** en Transsibérien jusqu'à Omsk, puis en train jusqu'à Almaty, et enfin en bus pour Kashgar via Bichkek. Compter une semaine si tout s'enchaîne parfaitement.

**Période :** de juin à septembre.

**Déplacement/logistique :** impossible sans une agence locale pour les permis et autres autorisations.

**Où dormir et manger :** il faut être entièrement autonome. Les tentes peuvent être louées au prestataire. Le gaz est à acheter sur place. La nourriture de montagne doit être apportée de chez vous.

**Formalité :** visa à faire établir à l'ambassade chinoise de Paris.

**Matériel spécifique :** matériel de haute altitude indispensable, il peut faire très froid. Le nécessaire pour évoluer sur glacier est incontournable.

**Monnaie :** le Yuan.

**Un livre :** *Alpinistes de Mao* de Cédric Gras

## LES ITINÉRAIRES

Bien éloigné de la philosophie du livre de Cédric Gras, *Alpinistes de Mao*, ce voyage présente une expédition en haute montagne. Pour ce qui nous concerne, on ne peut pas se féliciter d'être allés au sommet; en revanche, nous avons su découvrir la région avec et sans skis, et cela correspond à l'esprit de nos voyages. La région a beaucoup à offrir et je vous conseille de ne pas vous cantonner aux montagnes.

**1. CAMP DE BASE (4400 M) – CAMP 1 (5300 M)**
On peut bien évidemment poser son camp où l'on veut, mais classiquement l'ascension est décrite ainsi. Au-dessus du camp de base s'élève une croupe que l'on remonte à pied. S'il y a assez de neige, on peut remonter la croupe suivante, plus au sud, plus skiable jusqu'au camp 1 à 5300 m.
D+/-: 900 m

**2. CAMP 1 – CAMP 2 (6200 M)**
Remonter plein est, et trouver le cheminement dans le dédale de crevasses. Pas évident certaines années.
D+/-: 900 m

**3. CAMP 2 – CAMP 3 (6900 M)**
Toujours plein est, tout droit.
D+/-: 700 m

**4. CAMP 3 – SOMMET (7546 M)**
Encore une fois plein est, tout droit jusqu'au sommet.
D+/-: 646 m

*Nos porteurs, les chameaux de Bactriane, au camp de base du Muztaghata.*

Dans la vieille ville, on trouve encore une fois un grand bazar rempli de vêtements, d'artisanat local, de chapeaux, de fourrures ou encore du célèbre *Dopa* ouïghour (bonnet traditionnel brodé de fils d'argent). En plus de ne voir que très peu de Chinois de l'ethnie Han, les panneaux sont pour la plupart écrits en arabe plutôt qu'en idéogrammes chinois. C'est là que la définition d'Asie centrale, se référant à ses peuples musulmans, de langue turcophone, prend tout son sens. Les caravanes de la Route de la soie n'ont pas transporté que des biens matériels pendant des siècles. L'essentiel est en fait invisible pour les yeux. D'un point de vue plus contemporain, la région est en ébullition, propulsée par le programme « une ceinture, une route », un projet chinois gigantesque pour faire renaître les routes de la soie.

Chaque dimanche, depuis deux millénaires, se tient le plus grand marché aux animaux d'Asie centrale, où toutes les ethnies turco-mongoles se retrouvent venant du Xinjiang, du Kazakhstan, du Tadjikistan, du Kirghizistan et même d'Inde ou du Pakistan. On y échange moutons, chèvres angoras, chevaux, yacks et même des chameaux de Bactriane. Des dizaines de milliers de têtes de bétail côtoient quelque 50000 badauds, une pagaille où les femmes habillées de toutes les couleurs ajoutent de la gaieté à la fête.

Nous prenons la route vers le sud, la « Karakorum highway », qui nous amène au cœur des montagnes. Ici, de part et d'autre nous observent de gigantesques montagnes, des monstres de roches et de glace. Je vous assure que l'on comprend très bien pourquoi cette montagne s'appelle le père des montagnes de glace. Sommet de 7546 mètres ultraproéminent, le Muztagata ést une interminable pente glaciaire, inclinée à 25 degrés, qui semble filer vers les étoiles. Dans la plaine paissent des

**Page de droite**
**En haut**
*Une photo parfaite pour illustrer la différence entre expédition en style alpin et expédition dite commerciale.*

**En bas**
*Un yack paît tranquillement dans la steppe, au pied du magnifique Muztaghata et ses 7546 m.*

**Double page suivante**
*Départ du camp 1, lors d'une accalmie. La trace est de nouveau à refaire.*

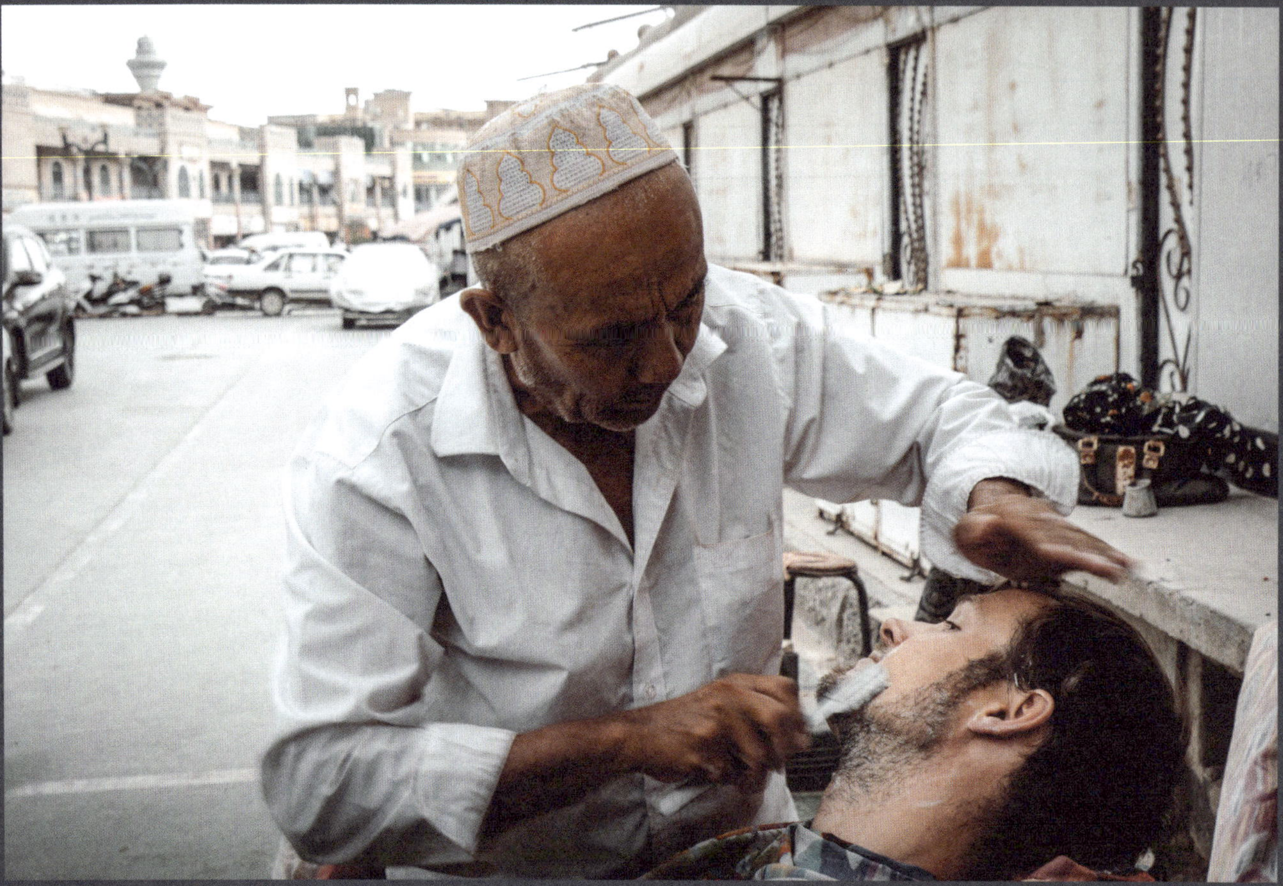

yacks. Du temps des caravanes, il s'agissait de l'animal le plus précieux, car, si son allure est lente, il peut porter plus de 100 kilos sans jamais se fatiguer. À l'époque, il était le seul capable de franchir les cols recouverts de glace et de neige. Aujourd'hui, ce sont des chameaux de Bactriane qui nous aident à porter nos sacs jusqu'au camp de base à 4400 mètres. Nous rencontrons la partie neigeuse dès notre départ et commençons alors notre travail de fourmi sur la montagne. Nous avons en effet décidé de ne pas faire d'aller-retour, comme le font la majorité des expéditions en Himalaya, mais plutôt de monter petit à petit (en style alpin, en opposition au style himalayen), avec toute notre maison sur le dos. Les sacs sont lourds, le rythme est lent, mais plus nous nous élevons, plus la vue sur la steppe s'élargit. Nous sommes émerveillés par la grandeur, la profondeur des paysages et des nuages qui sont en dessous de nous. Parfois, ils s'agglutinent pourtant sur nos têtes et nous passons de longs moments, voire des journées entières sous la tente, pour laisser passer les tempêtes. De temps à autre, nous craquons et redescendons au camp de base, mettant à mal nos velléités d'ascension en style alpin. L'avantage, c'est que nous en profitons pour faire de belles descentes en poudreuse, à plus de 6000 mètres sur les flancs de la montagne.

La saison des expéditions commerciales débute déjà et le camp de base se remplit inexorablement. Nous regardons cela à la jumelle depuis notre camp d'altitude. Vingt-quatre heures après leur arrivée, les sherpas installent leur premier camp à côté de notre camp 2 à 5100 mètres. D'une tente, on passe à cinquante et une. Et dès le lendemain, ils accompagnent – voire portent pour certains – leurs cinquante clients chinois. L'ambiance change radicalement et même si l'atmosphère reste agréable, le calme s'est enfui pour un moment. La montagne semble réagir et nous accable de quelques jours de mauvais temps. Nous nous dépêchons d'évacuer nos affaires et de remercier chaleureusement les sherpas qui nous proposent d'utiliser leurs services pour tenter une dernière fois le sommet. Nous préférons passer notre tour et pénétrer plus profondément dans le Xinjiang pour aller découvrir au bout de cette route, qui est l'une des plus belles au monde, la ville de Tashkurgan.

> La « Karakorum highway » nous amène au cœur des montagnes. Ici, de part et d'autre nous observent de gigantesques montagnes, des monstres de roches et de glace.

Véritable frontière entre les mondes chinois et persan, elle est un carrefour pour les religions et les peuples d'Asie. Au sein de la ville se trouve une forteresse de pierre, regroupant des inscriptions zoroastriennes de Perse, grecques d'Afghanistan (héritage des armées d'Alexandre), islamiques, bouddhistes ou encore confucianistes. Nous sommes au cœur de l'Asie centrale, à 20 kilomètres du Tadjikistan, 30 kilomètres de l'Afghanistan et du Pakistan et 100 kilomètres de l'Inde. C'est aussi ici que se rencontrent les chaînes de montagnes du Pamir, des Tian Shan, de l'Hindou Kouch, du Karakorum et de l'Himalaya. Un centre névralgique de l'Asie centrale, aussi bien géographique que sociétal.

**Page de gauche**
**En haut**
*Niklaas en pleine session beauté après trois semaines d'isolement en montagne. Ici, un vieil homme coiffé du chapeau traditionnel ouïgour s'occupe de le raser.*

**En bas**
*Niklaas s'amuse comme il peut en attendant que le ciel se découvre, permettant ainsi de monter dans un camp supérieur.*

**Double page suivante**
*Le camp de base du mont Khuiten, dans l'Altaï mongol.*

# Les confins du continent asiatique

# Russie, Sibérie

— Dans le grand froid sibérien, vie en cabane et ski de poudreuse

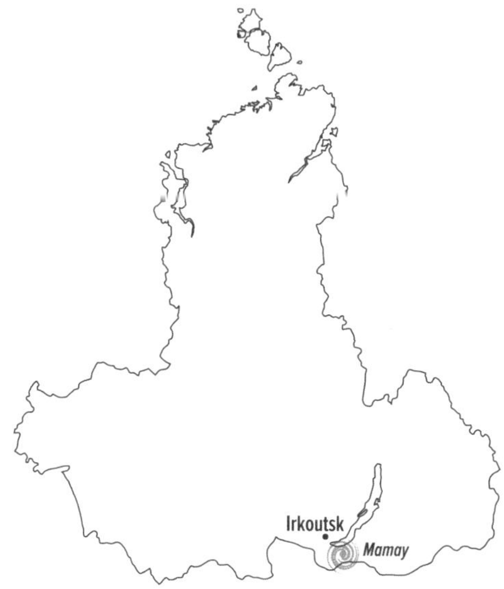


Expérience transsibérienne, puis sur les rives du lac Baïkal, une semaine de ski de poudreuse, lovés au creux d'une cabane en bois des plus rustique. Le tableau est enchanteur, mais nécessite de partir en étant un minimum préparé.

On entend toujours parler du grand hiver sibérien, on le compare même à un animal sauvage ne desserrant son étreinte glacée qu'après de longs mois de rudesse hivernale. Je n'ai jamais visité la Sibérie à cette période (mes deux précédentes visites étaient à vélo, au moment où l'hiver rend grâce face à l'été), cette région ne m'est pourtant pas étrangère. La Sibérie renvoie à mon imaginaire d'Européen une idée d'étendues immenses, sauvages, dans lesquelles le froid règne en maître, et où les autochtones se réchauffent le corps auprès de grands feux de bouleau et l'âme, à grands coups de vodka. C'est sûrement un peu aussi grâce aux livres de Sylvain Tesson : le premier racontant l'histoire d'une abominable cavale à travers la taïga, le second, une errance immobile sur les rives du lac Baïkal.

Comme si nous avions peur de ce que nous allions y trouver, nous décidons d'y aller doucement, prudemment. Nous embarquons donc dans le Transsibérien direction Irkoutsk, grosse ville sibérienne sur les bords du lac Baïkal. C'est donc lentement, très lentement que nous traversons la grande Russie. Les distances ne se comptent plus en centaines, mais en milliers de kilomètres les temps de trajets ne s'estiment plus en heures, mais en jours. Dans notre vie à mille à l'heure où chaque minute est optimisée, nous allons devoir

**Page de droite**
*Dans la vallée de Mamay, plusieurs cabanes telles que celle-ci parsèment la vallée et permettent de rester quelques jours sur place.*

HARD
WORK

Stéphane fait le sous-marin dans la poudreuse profonde de Mamay.

**Comment s'y rendre:** en avion sur Irkoutsk.

**Mobilité douce:** en Transsibérien jusqu'à Irkoutsk.

**Période:** mi-novembre à fin décembre.

**Déplacement/logistique:** à défaut de parler russe, il faudra faire appel à un organisateur.

**Où dormir:** des cabanes de confort variable sont implantées dans la vallée.

**Où manger:** il faut être autonome, mais parfois un cuisinier est compris avec la location de la cabane.

**Formalité:** visa russe à faire établir en amont de votre voyage.

**Matériel spécifique:** des skis très larges.

**Monnaie:** le Rouble.

**Un livre:** *Michel Strogoff* de Jules Verne pour la partie Transsibérien. *L'Axe du loup* ou bien sûr *Dans les forêts de Sibérie*, tous deux de Sylvain Tesson, pour ressentir l'ambiance des forêts sibériennes.

apprendre à nous ennuyer, apprendre à ne rien faire en regardant défiler les kilomètres. Comme un énorme coup de frein sur l'autoroute de la vie, on embarque dans notre wagon. Départ à minuit trente-cinq depuis la gare moscovite de Yaroslav pour quatre-vingt-cinq heures d'errance, sans autre effort que celui de s'alimenter. Il n'y a même pas à regarder par la fenêtre, le décor est identique à toute heure du jour et de la nuit: des forêts de bouleaux parsemées de conifères. La monotonie du paysage n'a rien à envier à la longueur du trajet, tous deux sont hors catégorie. D'ailleurs, les Russes disent: « Si tu t'empresses, tu feras rire les gens ».
Fort heureusement, ce sont eux qui font le Transsibérien et non l'inverse. Cette fois-ci, ce sont Liena, Oleg, Igor, Victor, Vadim, Alexis, Olga qui composent notre trajet. Expériences parfois négatives: Alexis, avec sa tête de tueur et ses 150 kilos, ne fut pas un excellent compagnon de route. Mais il y a eu Victor, 75 ans, fils d'un combattant russe à Stalingrad. Il a lui-même eu mille vies à travers la grande Russie et il vit maintenant au Kamtchatka. Il nous livre ses anecdotes de vie à l'aide de grands gestes et du peu de russe et d'anglais que nous partageons lors de nos nombreuses, mais courtes parties d'échecs. Venir en Russie avec un jeu d'échecs, c'est un peu comme boire de la vodka avec un Russe. On est à peu près sûr de tomber aussi vite que le roi. Quatre jours durant, nous sommes rythmés par les arrêts dans les grandes gares, et à chaque fois, leurs noms me rappelle le récit des aventures de Michel Strogoff. Ekaterinbourg est la porte d'entrée sur l'Asie, Novossibirsk sur la Sibérie, puis enfin la magnifique Irkoutsk. Couverte de neige et de glace à notre arrivée, elle nous accueille de son froid mordant.

La région où nous allons skier, Mamay, se trouve au sud du lac Baïkal. Dans les années 1980, des passionnés y ont monté un wagon de chemin de fer à l'aide d'un tank.

**Page de gauche**
**En haut**
*Oleg, notre compagnon de Transsibérien nous aura bien rétamés aux échecs.*

**En bas**
*« Za brouderchaft », ou « à la fraternité » en russe. Une semaine forte en émotions.*

## LES ITINÉRAIRES

Nous présenterons plusieurs sommets, avec plusieurs descentes possibles. Les dénivelés étant peu importants, il est aisé de combiner des itinéraires entre eux. De plus, en fonction de l'épaisseur de neige, il est souvent agréable de réutiliser une trace déjà faite. Tous les itinéraires sont décrits depuis le pont principal, au début de la zone où se situent les cabanes.

**1. KEDROVAYA (*КЕДРОВАЯ*, 1290 M)**
Franchir le pont et monter vers le sud jusqu'à l'altitude 950 m. Partir ensuite plutôt vers l'ouest en visant un gros cèdre sur la crête. On peut alors descendre à l'ouest et remonter en face, ou descendre à l'est dans les pentes soutenues. Une troisième possibilité est de descendre au nord les pentes appelées Pinsioner (« retraité » en russe) jusqu'au pont.
D+/-: 500 m

**2. MAMAY (*МАМАЙ*, 1540 M)**
Même départ que Kedrovaya, mais continuer au sud jusqu'à un col pour rejoindre le sommet par l'arête sud-est à ski. On peut descendre du col au sud, ou du sommet de Mamay vers l'est.
D+/-: 740 m

**3. MÉGA CANAL (*МЕГА КАНАВА*, 1350 M)**
Il faut s'engager dans la vallée entre Méga Canal et Tri Berioza, et à l'altitude 1050 m remonter les pentes est qui mènent à la crête. On peut descendre à l'est, au nord ou à l'ouest.
D+/-: 550 m

**4. STOROJENAYA (*СТОРОЖЕВАЯ*, 1441 M)**
Remonter la vallée en direction du col Mamayski, passer devant le wagon, et viser le col entre le Ouzel et le Lesnoy. Bifurquer au nord et rejoindre le sommet par des crêtes puis descendre face sud.
D+: 640 m

**5. LESNOY POUPIR (*ЛЕСНОЙ ПУПЫРЬ*, 1420 M)**
Même itinéraire que pour le Storojenaya, mais au lieu de bifurquer au nord, aller directement au sommet. On pourra skier sur les pentes est, puis revenir par les pentes nord-ouest.
D+/-: 620 m

Et, pendant des années, ils faisaient la fête autour de ce wagon équipé d'un poêle à bois. Maintenant, une dizaine de cabanes en bois, plus ou moins confortables, y sont installées pour le plus grand plaisir des touristes. Pour vivre plus intensément notre séjour, nous avons décidé de nous y installer, avec six Russes ne parlant pas anglais, dans une cabane sans électricité, sans eau et sans salle de bain. L'authenticité au sens strict du terme. La plupart de nos amis viennent skier ici depuis l'époque du wagon et nous sommes friands de donner vie à toutes leurs anecdotes.

Ici, la neige tombe en abondance dès le mois de novembre. Le lac Baïkal n'étant pas encore gelé, il agit comme un gros radiateur qui réchauffe les dépressions arrivant du cercle Arctique. À son contact, l'humidité se condense et, s'il neige intensément sur la rive sud, ce n'est pas le cas sur la rive nord. Grâce à cet effet tampon, les températures sont modérément froides, et il fait rarement moins de -25 °C. Dans le courant du mois de décembre, le lac gèle et, à partir de là, il ne neige plus que rarement, car les températures chutent. La Sibérie orientale où nous nous trouvons est recouverte de forêts de conifères, et le terrain est absolument parfait pour le ski de randonnée. Les dénivelés sont courts et l'on peut enchaîner les rotations. Les pentes ne sont quant à elles pas trop raides. Du sommet de la plupart des randonnées, on aperçoit le lac Baïkal, perle azur magnifique dans ce paysage glacé. Ici, comme souvent à travers l'Asie centrale, il sera opportun de prendre des skis larges ; nous étions bien souvent trop finement chaussés avec nos 110 mm aux patins.

**Page de droite**
**En haut**
*Stéphane s'envoie en l'air sans trop de crainte, grâce aux mètres de poudreuse présents en ce mois de décembre.*

**En bas**
*Remontée esthétique avec le lac Baïkal en toile de fond. Ce lac immense agit comme un « chauffage » et permet rarement à la température de descendre en dessous de… -25 degrés.*

**Double page suivante**
*Ambiance glaciale sur les crêtes de Mamay au lever du soleil.*

« Venir en Russie avec un jeu d'échecs, c'est un peu comme boire de la vodka avec un Russe. On est à peu près sûr de tomber aussi vite que le roi.

# Mongolie

— Les monts sacrés de l'Altaï mongol

L'opportunité de skier au milieu des steppes est un privilège que seule la Mongolie peut nous offrir. Depuis les campements de yourtes qui rompent la monotonie de la plaine, les échanges avec les nomades sont forts.

**Ci-dessus**
*Notre camp avancé, sur un îlot rocheux au milieu du glacier Potamine, lors de l'ascension du mont Khuiten.*

La Mongolie a été mon premier grand voyage teinté d'aventure. Loin d'être marquée du sceau de la facilité, autant logistiquement que sportivement, nous avons tout de même décidé de tenter le voyage. Et pour corser l'errance, nous avons choisi d'y aller à vélo. Deux ans avant de partir, j'ai traversé la Mongolie du sud au nord, à bicyclette, pour apprendre les rudiments de la langue, les us et coutumes de la yourte, en somme, me mettre au diapason de la vie nomade. Je gardais

précieusement en moi cette citation de Saint-Exupéry : « Pour ce qui est de l'avenir, il ne s'agit pas de le prévoir, mais de le rendre possible[1]. »

La Mongolie est un pays plein de traditions et de savoir-être qui ne riment pas avec nos axiomes. Par exemple, dans une yourte, on entre sans frapper, et on se déplace toujours dans le sens horaire, les hommes s'asseyant à gauche, les femmes à droite. On ne touche jamais la tête des enfants et les pieds ne sont jamais dirigés vers quelqu'un. Et si l'on nous tend quelque chose, on le prend de la main droite, en se tenant le coude de l'autre main. Les Mongols, plutôt conciliants avec les étrangers, ne s'offusquent pas si l'on manque aux règles nomadiques. Les voyageurs sont reçus comme des rois dans la steppe ; au temps de Gengis Khan, une loi obligeait

1 — Saint-Exupéry, A. *Citadelle* (1948)

## LES ITINÉRAIRES

Deux massifs différents sont présentés ici, afin de réaliser les principaux sommets de 4000 mètres que compte la Mongolie. D'abord dans le massif du Tavan Bogd, à l'ouest, puis le Trambagarov, au sud-est d'Ölgii. Tous les itinéraires sont glaciaires et demandent à être autonomes aussi bien sur la nourriture que sur le campement.

### 1. KHUITEN (4374 M)

Il est situé tout au fond du glacier Potanine. Depuis le camp de base, remonter entre le glacier Potanine et le Malchin jusqu'à prendre pied sur le glacier vers 3400 m. On vise un îlot rocheux où l'on peut poser le campement à 3750 m. Ensuite l'itinéraire part vers l'ouest jusqu'à un petit col à 3880 m. D'ici, il faut obliquer au sud et remonter jusqu'au sommet.

D+/-: 1374 m

### 2. NARAIMDAL (4100 M)

Du rognon rocheux à 3750 m, partir direction nord jusqu'à un petit col, puis suivre l'arrête vers l'est jusqu'au sommet.

D+/-: 1100 m

### 3. MALCHIN (4080 M)

Du camp de base, remonter jusqu'au col permettant de passer en Russie, sous l'arête est du Malchin. Passer côté russe et remonter les pentes nord jusqu'au sommet.

D+/-: 1080 m

### 4. TSAMBAGARAV (4208 M)

Depuis les dernières yourtes, remonter la vallée à l'est, puis, quand elle se sépare en deux, l'éperon au milieu. On accède à de grandes prairies où l'on peut camper, et où l'on voit le glacier à remonter facilement jusqu'au sommet.

D+/-: 1800 m

*Ski au milieu des steppes lors de la montée au sommet du volcan Tsambagarav.*

*Thibault lors de la descente du Tsambagarav, avec en toile de fond l'immensité glaciaire de l'Altaï mongol.*

**Comment s'y rendre :** en avion sur Oulan-Bator, puis sur Ölgii.

**Mobilité douce :** en Transsibérien jusqu'à Novossibirsk, puis en Marchroutka jusqu'à Ölgii.

**Période :** printemps.

**Déplacement/logistique :** il faut passer par un organisateur, car il y a des permis à obtenir pour se déplacer vers les frontières russe et chinoise.

**Où dormir et manger :** le prestataire organise tout, sinon il faut être complètement autonome.

**Formalité :** visa à faire établir en avance.

**Matériel spécifique :** les itinéraires sont particulièrement crevassés, donc tout le matériel de glacier est nécessaire.

**Monnaie :** le Tugrik.

**Un livre :** *Sous les yourtes de Mongolie* de Marc Alaux.

**Un film :** *Le Cavalier mongol* (2019) d'Hamid Sardar.

chacun à offrir un abri, le chauffage et la nourriture aux voyageurs de passage. Pour moi, il était important de comprendre et d'assimiler toutes ces règles, car, comme le dit le proverbe mongol : « Qui boit l'eau d'une terre étrangère doit en suivre les coutumes ».

Je pars donc pour la seconde fois en Mongolie, mais cette fois-ci accompagné de mes amis et chargé du matériel nécessaire pour une expédition à ski. Depuis Novossibirsk en Sibérie, nous nous dirigeons vers l'*aïmag* (région) de Bayan-Ölgii, dans l'ouest mongol, la porte d'entrée pour le massif des Tavan Bogd, constitué de hautes montagnes de plus de 4000 mètres et d'immenses glaciers. Certains décrivent cette région comme « l'une des dernières régions reculées du globe ». Situé à l'extrême ouest de la contrée la moins peuplée du pays le moins dense au monde, le mont Khuiten est le point culminant de la Mongolie à 4374 mètres, but principal de notre expédition. Voyager dans la steppe, c'est faire l'expérience de l'élasticité du temps quand l'horizon est une limite sans cesse renouvelée, identique, monotone, que seules les yourtes blanches sont capables de ponctuer.

Quatre jours de vélo seront nécessaires pour venir à bout des 200 kilomètres de pistes qui séparent Ölgii, la plus grosse ville de l'ouest de la Mongolie, du camp de base. Chaque jour est plus difficile que le précédent, avec son lot de vent, de sable, de pluie, de moustiques et de rivières à traverser. Malgré les terrains chaotiques, nous parcourons environ 50 kilomètres par jour, assez pour franchir plusieurs cols et s'émerveiller à chaque nouveau décor. Les haltes dans les campements nomades sont le théâtre d'échanges avec les autochtones, qui regardent nos montures de 35 kilos avec des yeux perplexes. Curieux et généreux, ils nous invitent à partager

**Page de droite**
**En haut**
*Un enfant mongol joue avec les pigeons dans un monastère bouddhiste du centre du pays.*
**En bas**
*Instant déguisement avec des peaux de loup lors de l'une de nos soirées chez les éleveurs sous la yourte.*

le thé dans leur yourte, et parfois un repas. Quinze mots de vocabulaire russe, des sourires et des gestes suffisent pour échanger lors de soirées entières. Autour d'un globe gonflable, nous expliquons d'où nous venons et ce que nous faisons. Ces soirées nous apprennent beaucoup en comparaison des quelques notions de géographie que nous transmettons aux enfants.

Émerveillés par la vision du glacier Potamine descendant du mont Khuiten, nous partons le lendemain matin pour son ascension. Une fenêtre météo semble s'installer et, même si nous sommes plongés plusieurs fois dans le brouillard, nous avons le temps de monter et de redescendre. Nous laissons les vélos au camp de base et rejoignons le camp avancé à 3 700 mètres par une longue traversée glaciaire. La tempête nous tombe dessus et nous installons la tente sous la neige et les rafales de vent. Au petit matin, le ciel est dégagé et la remontée de la combe ouest à l'inclinaison douce est parfaite pour se mettre en jambe. Depuis le col qui donne sur la Chine, une pente plus raide permet de terminer l'ascension du mont Khuiten. Nous profitons d'un peu de courage pour gravir le Nairamdal, sommet mythique de la région avec ses 4 000 mètres, point exact de rencontre entre les frontières chinoise, russe et mongole. Le lendemain, nous enchaînons avec le Malchin, un troisième sommet de 4 000 mètres que nous montons et descendons par la face nord, c'est-à-dire par le versant russe. Nous avons skié dans trois pays en deux jours, et l'éventail des possibilités est infini. Une bonne carte, une météo stable et un esprit de découverte suffisent pour exploiter ces montagnes, le terreau de l'aventure mongole.

Après un jour de repos, nous poursuivons sur une deuxième excursion dans le massif du Tsambagarav, bonne excuse pour profiter du matériel de ski, rapporté jusqu'ici. À l'opposé de l'Altaï et à la manière d'un volcan, cette montagne de 4 200 mètres semble jaillir de nulle part et nous offre l'opportunité de skier au milieu des steppes. Bien trop accaparés par la vie nomade, nous errons de longues journées de camps de yourtes en camps de yourtes, goûtant trop souvent au *koumis* (du lait de jument fermenté légèrement alcoolisé), et abusant de la gentillesse des éleveurs. Certains nous montrent comment tuer un agneau, le dépecer et le manger (nous utiliserons leur technique au Kirghizistan quelques années plus tard). D'autres nous offrent des démonstrations de chasse à l'aigle, encore pratiquée dans ces régions reculées. Nos hôtes étant amusés par nos vélos, nous échangeons souvent nos montures contre un petit cheval mongol, pour partager quelques instants devant l'immensité de la plaine. Arrivés au pied du massif du Tsambagarav, nous abandonnons nos vélos contre l'ultime yourte de la vallée et continuons à pied, puis à ski jusqu'au sommet glaciaire. La vue est jouissive et l'horizon moucheté de petites taches blanches. On s'amuse à compter le nombre de yourtes que l'on voit tout autour de nous, autant de hameaux nomades susceptibles d'accueillir un raid à ski itinérant. Mais il faut déjà redescendre, pour profiter de la neige de printemps et revenir à notre monde. Depuis ces voyages, l'odeur du feutre de la yourte, c'est ma madeleine de Proust, elle me transporte aussitôt vers d'épiques aventures, aussi loin que porte le regard sur la steppe.

**Page de gauche**
**En haut et en bas**
*Moi-même dans l'ascension du mont Malchin, un des 4000 satellites du mont Khuiten dans l'Altaï mongol.*

# Inde, Ladakh

— Ski en très haute montagne
au cœur du petit Tibet

Dans un paysage plus aride qu'un désert, les hauts plateaux du Ladakh regorgent de sommets glaciaires de 6 000 mètres. La région est parsemée de petits villages de tradition bouddhiste, autant de camps de base pour explorer ces montagnes inconnues.

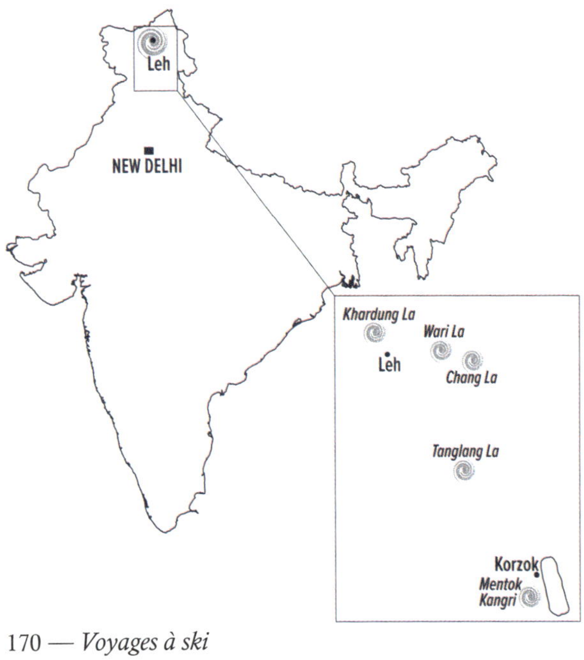


Skier au Ladakh, ce désert d'altitude bien connu des trekkeurs, quelle drôle d'idée ! De prime abord, accoler « skier » et « désert » nous fait penser à un oxymore. Sur ces hauts plateaux où il ne pleut jamais, le paradoxe est poussé à l'extrême, on tutoie l'absurde. Pourtant, la dichotomie s'évapore dès le premier jour, face aux immenses glaciers enneigés des hautes montagnes.

Partir en Inde, c'est aussi une bataille sempiternelle pour la logistique, pour que tout se déroule selon les plans,

*Cédric vers le col du Kardhung La, la première journée à 5 300 m fait un peu mal à la tête.*

car la lourdeur administrative, héritée des colons britanniques n'aide en rien. Quand l'on arrive à Leh, la capitale du Ladakh – après avoir emprunté plusieurs avions, que les sacs ont suivi, que tous les contrôles de passeport, visa et autres permis se sont bien déroulés –, on peut dire qu'une bonne partie du voyage est réussie. C'est à ce moment que l'on se fait rattraper par le deuxième problème de ce voyage : l'altitude. Car la ville se situe déjà à plus de 3 000 mètres, et on en ressent les effets dès les premières flâneries dans le centre-ville. Tous excités d'être enfin arrivés, il nous est difficile d'être raisonnables et de nous résoudre à commencer le voyage par une après-midi de repos pour s'acclimater.

Autour de la vallée de Leh et de ses nombreux monastères s'élèvent de hauts cols routiers, pour la plupart ouverts continuellement. Ce sont de formidables points de départ pour skier aux alentours. Nous commençons notre séjour par une randonnée démarrant du Khardung La (*La* signifie « col » en tibétain) à

ZAG
LAU
ADRET 88
ZAG

*Le monastère de Chemrey. Les vallées sont truffées de monastères du même style, qui sont autant de bonnes excuses pour une halte culturelle.*

5 300 mètres d'altitude. Malgré toutes les recommandations d'acclimatation procurées en amont, le groupe ne s'est pas bien préparé à l'altitude et en souffre. Nous évoluons sur de petits glaciers mitoyens et nous jouons à passer de l'un à l'autre par de petites crêtes. Arrivés au col, nous attaquons la descente par un grand vallon glaciaire, plus propice aux courbes dans la neige de printemps. Le principal défi de la journée, outre l'altitude, est de rejoindre la route sans se faire attaquer par une horde de chiens sauvages. Ayant l'habitude de se faire taper dessus, ils ne savent pas comment réagir si l'on s'agenouille et qu'on leur parle calmement et posément, et se détournent ou viennent se faire gratter la tête.

Il y a plus de 10 ans, j'avais rencontré un moine tibétain de mon âge dans ces montagnes. Restés en contact depuis tout ce temps, nous avons passé une nuit chez ses parents dans un tout petit village ladakhi dépourvu d'eau courante, où tout le monde dort à même le sol.

**Comment s'y rendre :** en avion sur New Delhi, puis sur Leh.

**Mobilité douce :** d'un point de vue géopolitique, c'est très compliqué ou long de rallier l'Inde en mobilité douce. Cependant, on peut éviter le vol intérieur en prenant le bus (compter plus de 30 heures de Delhi à Leh).

**Période :** mars, avril, mai.

**Déplacement/logistique :** il est presque impossible de voyager sans un support local, notamment pour les permis.

**Où dormir et manger :** il y a des maisons d'hôtes un peu partout. Dans les petits villages, il faut taper aux portes et demander.

**Formalité :** un passeport valide et un visa à faire par Internet sont indispensables. Il faut des permis pour se balader autour des cols routiers, ainsi que pour l'ascension du Mentok Kangri.

**Matériel spécifique :** matériel glaciaire obligatoire.

**Monnaie :** la roupie indienne.

**Page de gauche**
*Nos porteurs pour monter au camp de base du Mentok Kangri. Au fond, le lac Tso Moriri et d'autres montagnes à 6 000 m vers la frontière chinoise.*

**Double page suivante**
*Dorjee pose avec un large sourire devant le lac Tso Moriri, lors de l'ascension du Mentok Kangri (6 250 m).*

“L’important réside dans
les rencontres, les paysages
et les moments vécus

ZAG

C'est simple, mais authentique ; on aide à la traite de la vache, à rentrer du bois et des bouses séchées pour le chauffage, et on est conviés à un petit tour au monastère du village. Ici, chaque village possède son monastère, et les Ladakhis sont très ouverts quand il s'agit de parler de bouddhisme. Lors de précédents voyages, j'ai d'ailleurs plusieurs fois dormi dans des lieux de prières.

Ce matin, dans la montée au Chang La, l'un des cols routiers qui encerclent Leh, la météo s'est détériorée. L'ambiance feutrée due à la neige qui tombe et au chauffeur qui récite des mantras tibétains nous plonge dans un état de torpeur. Comme souvent en Inde, à l'approche des cols, dès que la qualité de la route baisse, nous subissons les affres de la circulation indienne : d'immenses embouteillages inextricables. Nous continuons donc à pied au milieu de cette pagaille et des camions bariolés, pour rejoindre les beaux vallons skiants qui partent du col.

À 18 ans, j'ai découvert avec l'un de mes meilleurs amis le lac de Tso Khar (*tso* veut dire « lac » en tibétain), un peu au sud de Leh. Partis à vélo depuis Manali, un village au nord de Delhi, la capitale de l'Inde, nous enchaînions les cols à 4 900 mètres, 5 100 mètres, et même 5 300 mètres, sur ces hauts plateaux désertiques, afin de rejoindre le cœur du Ladakh, plus au nord. À l'époque, nous ne savions pas pourquoi nous avions mal à la tête (l'altitude évidemment), nous dormions à même le sol (nous avions économisé du poids sur les tapis de sol), et mangions nos pâtes chinoises froides (nous n'avions pas la bonne bouteille de gaz pour le réchaud). C'était l'aventure. Aujourd'hui, nous avons les GPS et tout le confort dont peut rêver une expédition, des ânes pour porter les affaires, des tentes confortables, des duvets chauds, etc. Et pourtant, je redécouvre ces lacs de haute altitude avec le même émerveillement, les mêmes yeux enfantins, ceux qui dévorent du regard l'horizon. Un horizon peuplé d'exilés et où trottent des troupeaux d'ânes sauvages.

Entre Manali et Leh, la région est composée de hauts plateaux de 4 000 mètres, tachetés de lacs. Les deux plus connus sont le Tso Khar et le Tso Moriri où nous continuons notre voyage. Sur les rives du village de Korzok, nous sommes happés par les *dung chen*, de longues trompettes tibétaines, qui nous attirent vers le monastère. Nous passons l'après-midi à écouter les prières et discuter avec les enfants rencontrés quinze ans plus tôt, aujourd'hui devenus adultes. Les retrouvailles sont saisissantes, et même le maître, attendri, se voit obligé d'infléchir sa droiture monastique. Il avait sept ans à l'époque, il en a vingt-deux à présent.

Afin de gravir notre sommet, le Mentok Kangri 2 (6 250 m), un muletier hors d'âge nous accompagne jusqu'au camp de base. Nous sommes un peu dubitatifs sur sa capacité à nous accompagner jusque-là et passons un bon moment à disserter sur l'utilité de son double pouce (deux pouces, cela doit sûrement être utile pour se curer le nez). Lorsque nous arrivons au camp de base, ce n'est pas lui le plus fatigué, et de loin. Le lendemain, le grand glacier qui domine le lac nous offre des lumières incroyables au lever du soleil. L'arête est, qui descend de l'antécime du Mentok Kangri semble plonger directement dans les eaux turquoise du lac. Nous partageons ce moment intense avec le ladakhi qui nous accompagne et qui hurle, les bras écartés sur le rocher sommital : « *Kiki soso largyalo* » (« Victoire pour les dieux », un mantra tibétain). Nous skions l'arête dans son intégralité et nous offrons la première descente à ski de ce sommet (bien qu'ici tout le monde s'en fiche et chez nous aussi !). L'important réside dans les rencontres, les paysages et les moments vécus. Notre voyage se termine en circumambulations autour des monastères, suivant les chemins des moulins de prière, encore et encore.

**Page de droite**
**En haut**
*La salle principale du monastère de Phyang.*
**En bas**
*Je pose avec deux moines bouddhistes. Celui qui est assis à ma gauche s'appelle Kunzang. Nous l'avions rencontré Stéphane et moi, en 2009, lors de notre premier voyage dans la région, c'était alors un enfant.*

## LES ITINÉRAIRES

Il est possible de faire des sorties à la journée depuis votre hébergement, ou alors d'imaginer de grandes expéditions, avec des portages, des nuits sous tente, des glaciers et des premières sur des sommets de plus de 6 000 m.

**1. KHARDUNG LA – SOMMET ANONYME (5 720 M)**

Du côté nord du col, partir de la route à 5 260 m et remonter le glacier vers le sud-ouest, passer sur le glacier adjacent, et atteindre le sommet à l'ouest à 5 630 m. Redescendre au sud sur le grand glacier et remonter au sommet en face à 5 720 m. Finir en skiant toute la vallée jusqu'à la route à 4 850 m.
D+ : 800 m ; D- : 1200 m

**2. WARI LA – SOMMET ANONYME (5 630 M)**

Depuis le versant nord du col, au niveau d'un grand replat, se garer sur le bord de la route, et remonter la belle combe au sud, jusqu'au sommet. Il est possible d'imaginer plein de petits tours autour du col.
D+/- : 500 m

**3. CHANG LA – SOMMET ANONYME (5 800 M)**

Depuis la dernière épingle côté sud du col, partir dans le vallon plein sud. Remonter jusqu'au sommet, en passant plutôt rive droite, via un col, puis l'arête sommitale (assez raide).
D+/- : 500 m

**4. TANGLANG LA – SOMMET ANONYME (5 780 M)**

Depuis le col, prendre la crête qui part au sud, et quand celle-ci monte plus fort, descendre dans le vallon en rive gauche. Le remonter vers l'ouest jusqu'à un col à 5 700 m, d'où l'on peut rejoindre le sommet au sud à 5 780 m.
D+/- : 500 m

**5. MENTOK KANGRI 2 (6 250 M)**

Depuis le village de Korzok, prendre la piste qui part vers l'ouest et s'engager sur une sente à moutons vers le sud, qui s'élève à travers champs. On pourra établir un camp vers 5 400 m. Rejoindre le glacier au plus facile, toujours vers le sud, puis gagner l'arête est du sommet (6 130 m), et la remonter soit à ski, soit à pied pour atteindre facilement le sommet à 6 250 m.
D+/- : 1800 m

*Je pose devant l'immense lac Tso Moriri lors de la première descente à ski du Mentok Kangri (6 250 m).*

# Pakistan

— Au pied des géants,
du ski plaisir à la journée

Au confluent de l'Hindou Kouch, de l'Himalaya et du Karakorum, au pays des grandes expéditions, des marches d'approche de plusieurs semaines et des glaciers infinis, il est possible de skier à la journée, au pied des 8000, en dormant dans de petits villages, et en traçant des courbes dans la poudreuse, au son du muezzin.

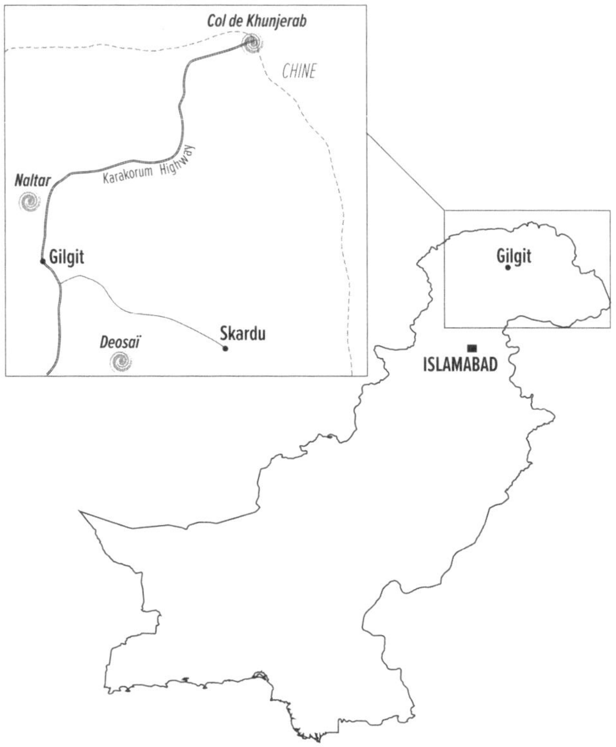


Le Pakistan est un pays sans épaisseur temporelle, né de la partition de l'Inde en 1947. En préambule, nul besoin d'une dialectique très poussée pour comprendre que la zone est en proie à de récurrentes instabilités, entourée de pays tels que l'Afghanistan, l'Iran, la Chine ou encore l'Inde. Dans la région montagneuse du Kashmir, la guerre est continuelle, et nombreux sont les pauvres soldats des plaines du Punjab ou du Gange à mourir de mal aigu des montagnes plutôt que sous les balles de l'ennemi. L'esquisse d'une ligne frontalière est sans cesse contestée.

Au confluent de trois des plus grands massifs montagneux au monde, l'Hindou Kouch, l'Himalaya et le Karakorum, la région du Gilgit-Baltistan où nous allons skier, jouit d'un calme instable. Elle est peuplée de musulmans sunnites et chiites. Ces derniers, ismaéliens, vivent dans la vallée des Hunzas, sous l'égide d'un chef spirituel, l'Aga Khan et grâce à l'appui de toute la communauté ismaélienne internationale, le réseau d'entraide est infini. Hôpitaux, écoles, réseaux d'eau potable, d'électricité, rénovation culturelle, tout est pris en charge par la fondation Aga Khan. Ma famille maternelle est ismaélienne et mon grand-père a énormément œuvré au sein de cette communauté. Les ismaéliens de la vallée

**Page de droite**
*Après quelques tracasseries administratives, nous arriverons à faire un peu de ski depuis le col du Khunjerab. Malgré le potentiel, il restera sauvage encore pour un moment.*

**Double page suivante**
*Quelques bons virages vers le lac de Rama.*

des Hunzas sont beaucoup plus ouverts et progressistes que leurs voisins sunnites. La place de la femme est bien meilleure et l'atmosphère plus apaisée.

Sur place, nous avons rendez-vous au village de Raminj où vivent des amis de ma famille. Perdu au fond d'une profonde vallée, le village compte dix maisons, sans eau courante ni électricité. Ici, on vit au rythme du moulin à farine, de la traite des vaches, et du caquètement des poules. Ambiance du bout du monde garantie. La pluie

**Comment s'y rendre:** en avion sur Islamabad, puis Gilgit via un vol domestique.

**Mobilité douce:** d'Islamabad on peut prendre un bus local jusqu'à Gilgit, c'est long, mais mythique, une journée de voyage sur la Karakoram highway.

**Période:** printemps.

**Déplacement/logistique:** il faut fonctionner avec une agence locale pour gérer les permis et autres tracasseries administratives.

**Où dormir et manger:** on trouve presque partout des maisons d'hôtes.

**Formalité:** en plus d'un passeport, il faut faire un visa avant de partir, et obtenir une lettre d'invitation pour cela.

**Matériel spécifique:** crampons et piolet pour les pentes raides.

**Monnaie:** la roupie pakistanaise.

**Un film:** *Karakoram* (1936) de Michel Ichac.

## LES ITINÉRAIRES

Le Pakistan c'est le pays des grandes expéditions. Ici c'est tout le contraire, on vous propose quelques itinéraires skis aux pieds, faisables à la journée, en dormant dans les petits villages, chez l'habitant.

### 1. NALTAR – COL (4 550 M)

Depuis le village de Naltar, continuer par l'unique piste qui va vers le fond de la vallée. Au niveau d'un pont vers 3 150 m, se garer, et monter à ski, d'abord au travers d'un village de berger, puis par des pentes plus raides, en direction d'un plateau vers le sud-ouest. Celui-ci donne accès au col par une courte pente raide.
D+/-: 1400 m

### 2. COL DE KHUNJERAB

Une fois passés tous les ennuis administratifs, le terrain de jeux est infini depuis ce col. On peut par exemple se garer 1,5 km avant la frontière chinoise, et s'élever entre les deux immenses glaciers, vers le nord-ouest, afin de gagner une antécime à 5 450 m.
D+/-: 800 m

### 3. KAKAN ASTORE – COL (4 650 M)

Depuis la route du Deosaï, se garer à 3 250 m, au niveau d'un pont et s'élever dans la vallée à l'est. Vers 3 900 m, continuer franchement au nord, pour viser au col juste à gauche d'un sommet caractéristique. Le col se situe à 4 650 m et permet, grâce à une courte pente raide exposée ouest, de gagner un immense vallon très large et descendant jusqu'à la route. Attention, cela fait presque 20 km de distance, c'est long.
D+: 1400 m ; D-: 1550 m

### 4. DERLAY – SOMMET ANONYME (4 600 M)

Depuis le pont en bois qui dessert le village de Derlay, partir au sud sur une crête s'élevant jusqu'à une antécime à 4 300 m. On pourra rejoindre le sommet via une arête.
D+/-: 1300 m

### 5. SKARDU – ROUTE DU DEOSAÏ – SOMMET ANONYME (4 900 M)

Depuis le petit pont en bois à 3 450 m, s'élever d'abord vers l'est, puis rapidement vers le sud. Rejoindre un baraquement de berger et continuer par les pentes soutenues juste au-dessus des parcs à bestiaux. S'ensuit une interminable croupe pour atteindre les dernières conversions, plus soutenues, qui donnent accès au sommet. On pourra redescendre par une large épaule orientée à l'ouest et repiquer au nord pour gagner le campement de berger.
D+/-: 1450 m

Quand nous ne sommes pas accaparés par un ours détalant devant nous, nous skions d'interminables vallons en neige de printemps.

*Nous partons presque toujours à ski depuis les petits villages qui jalonnent la route du Deosai. Du ski au pied en Himalaya, le rêve.*

se joignant à la fête, nous repartons en voiture, dans le canyon de terre rouge, la peur au ventre, sur des pistes à moitié éboulées. J'ai souvent voyagé sur des routes impressionnantes, mais ici, cela dépasse l'acceptable en termes de prise de risque. On notera pour la suite du voyage de ne pas se déplacer par temps pluvieux, glissements de terrain et éboulements sont leur quotidien, et les tractopelles garées à chaque entrée de vallée en sont la preuve.

Plus connus pour les expéditions, avec des files ininterrompues de porteurs, ces massifs se prêtent finalement bien au ski plaisir. Il y a beaucoup d'accès routiers hauts en altitude et une multitude d'itinéraires envisageables. Depuis le haut col frontalier du Khunjerab par exemple, même s'il est théoriquement autorisé de se balader, nous avions l'interdiction formelle de faire du ski. Bloqués au poste militaire sous-jacent, après d'innombrables coups de téléphone et au bout de plusieurs heures d'attente, un officier situé à des milliers de kilomètres de là nous permet de passer. Accompagnés d'un militaire, kalachnikov à l'épaule, nous nous engageons sur les glaciers bordant la route à 4 700 mètres d'altitude. Ici, les hautes montagnes et les glaciers s'étendent à perte de vue, dans une ambiance incroyable. C'est le plus haut col frontalier au monde, yacks et ibex y parsèment le paysage. La route est censée être ouverte continuellement, au sein d'un projet fou de sinisation du réseau routier : une ambition visant à relier le Xinjiang à la mer d'Arabie, afin de rapprocher les pays producteurs de pétrole de la Chine.

Plus au sud, comme une grande tache blanche sur la carte, s'étale le massif du Deosaï, un immense plateau culminant à plus de 4 000 mètres d'altitude. Traversé par une route enneigée au printemps, c'est le plan parfait pour profiter de sorties skis aux pieds. D'un côté se trouve la vallée d'Astore, de l'autre, celle de Skardu.

**Page de droite**
*Les habitants sont toujours très accueillants, et ravis de poser sur les photos, même pour des portraits.*

**Double page suivante**
*En montant vers le lac de Rama depuis Astore, les montagnes deviennent vraiment gigantesques. Nous sommes à quelques pas du Nanga Parbat (8 126 m).*

ZAG
APPLE

*Un militaire nous explique le fonctionnement de la frontière sino-pakistanaise. C'est le point de passage frontalier ouvert le plus haut au monde.*

Nous passons une semaine dans la première, bercés par la langueur des habitants subissant le ramadan. Chaque jour, les différentes vues sur le Nanga Parbat (8 125 m) nous impressionnent davantage et, quand nous ne sommes pas accaparés par un ours détalant devant nous, nous skions d'interminables vallons en neige de printemps. Les possibilités sont innombrables sur cette route permettant l'accès à la partie ouest du plateau du Deosaï. Pour notre plus grand plaisir, la myriade de petits villages nous presse de nous arrêter quotidiennement, pour aller à la rencontre des habitants et nous imprégner de leur rythme de vie. Dans la maison où nous sommes reçus (car ici, « hospitalité » est le maître mot), l'entièreté du village se loge alors dans une unique pièce, afin de ne rater aucune miette du thé avec les touristes.

À l'est du Deosaï se trouvent la ville de Skardu et des centaines de villages verdis par l'irrigation, comme autant de hameaux de cocagne au milieu des montagnes arides du Karakorum. Nous logeons dans une charmante maison d'hôtes, où nous prenons les petits déjeuners dans le jardin, à l'ombre d'un abricotier. C'est exactement ce genre d'ambiance que j'étais venu chercher. Cette année, la route d'accès au massif est coupée par des avalanches et par un énorme rocher gisant au milieu de la chaussée. Qu'à cela ne tienne, nous partons sur un plan de secours, un peu plus en aval. Après 30 minutes de marche, nous chaussons les skis pour rejoindre une petite masure de berger complètement ravagée par un ours qui en a fait sa tanière pour l'hiver. Après en avoir vu un en chair et en os la veille, nous sommes un peu sur nos gardes. Nous passons une journée féerique, avec une neige poudreuse et des vues magnifiques sur la plaine du Deosaï, malgré l'étrange sensation d'être observés.

Pour exorciser les douches froides, les soirées sans lueur, et les matelas sans ressorts, nous passons une nuit dans l'ancien fort du Raja de Khaplu, un bâtiment magnifiquement rénové, un moment hors du temps, où le confort se marie à merveille avec la tradition. C'est aussi la région d'une variante intéressante du polo, où la règle du jeu est simple : « La règle, c'est qu'il n'y a pas de règles ». Ce slogan est inscrit partout sur les terrains, accolé à un autre : « Le roi des jeux, le jeu des rois » (« *King of games, game of kings* »). Nous repartons de l'aéroport de Gilgit à bord d'un minuscule coucou, ballotés par les cumulus, errant au milieu des pics de 8 000 mètres, plongés et replongés dans le blanc des nuages, mais continuellement accompagnés par la douce litanie du pilote, répétant ses prières à tue-tête.

**Page de gauche**
**En haut**
*Deux enfants tondent un mouton pendant que l'on fait skier leur père. Scène magique et moments de vie partagés avec les locaux qui valent bien plus qu'un beau sommet à mes yeux.*

**En bas**
*Charlotte enchaîne les virages face à l'immensité du plateau du Deosaï. Ce haut plateau à plus de 4 000 m est le lieu de vie des ours. Nous en croiserons un, de trop près d'après nous, pendant cette sortie.*

**Double page suivante**
*Paysage typique des steppes kazakhes avec les hautes montagnes enneigées en ligne de mire.*

# Crédits photographiques

Toutes les photographies sont de l'auteur, sauf:
Niklaas Guerrier: p. 147 haut.
Thomas Guerrin: p. 62 bas gauche, 152-153, 163, 165, 166, 167 bas, 168 haut et bas.
Stéphane Guigné: p. 5, 8-9, 10-11, 14-15, 25, 28-29, 31, 71 haut et bas, 73, 74-75, 145, 146, 147 haut et bas, 148-149, 150 haut et bas, 155, 156 haut et bas, 160-161.
Guillaume Humbert: p. 99 bas.
Etienne Mérel: p. 61.
Cédric Migliorero: p. 177 bas.
Charlotte Normand et Victor Michel: p. 104.
Charlotte Villez: p. 21 haut, 36, 44-45, 47 haut, 56, 79, 80, 100, 106-107, 114-115, 116, 119, 122 haut et bas, 125, 126-127, 142 haut, 183.

# Remerciements

Un immense merci à Charlotte, ma partenaire de cordée, mais surtout de vie. Elle n'a pas désiré se soumettre à l'épreuve de l'écriture. Elle a cependant fait beaucoup pour ce projet, photos, relecture, sans elle je n'aurai jamais réussi à boucler l'ouvrage. Ce livre est également le sien, elle a fait onze des dix-neuf voyages de ce livre.

Merci à Stéphane Guigné, mon ami d'enfance.
Nous devions co-écrire ce livre, et finalement d'autres projets l'on happé sur d'autres chemins. Il signe un peu plus de 15 % des photos, dont la couverture et un peu plus d'un quart des photos en double page. Il est présent dans six destinations du livre.

Merci aussi à Thomas Guerrin, mon plus vieil ami, qui signe les photos de la Mongolie, notre premier voyage d'aventure. Merci à mes amis, Florent Gariel et Raphael Barriol, qui complètent le groupe d'irréductibles, avec qui nous partons une fois par an arpenter les pentes du monde. Merci à Rox et Tommy d'être venu skier avec nous au Kazakhstan. Merci aussi à Pierre-Alain et Thibault pour le voyage en Mongolie, et à Niklaas Guerrier pour son implication dans l'expédition en Chine. Merci aussi à Seb et son équipe d'amis russes de nous avoir accueilli avec eux dans leur cabane de Sibérie.

Merci à ma mère, mon père, mes frères et ma sœur, et mon beau-frère Arnaud, qui m'ont suivi dans ces projets depuis le tout premier en Inde il y a quinze ans. On retrouve ma mère en Ubaye et Arnaud en Arménie.

Merci à tous les locaux de nous avoir si bien accueillis chez eux, ou de nous avoir simplement donné un coup de main. Je pense à Mehdi d'Iran, à Shako et Nick de Svanetie, Adriatik du Kosovo, Giorgi de Bakhmaro, Gevorg d'Arménie, Khudoguy du Tadjikistan, Muha du Kirghizistan, Ishaq du Pakistan et bien sûr, Dorjee et Lotos du Ladakh.

Merci aussi à mes clients, qui ont su me faire confiance pour ces voyages. Max, Xavier, Pauline, Alain, Tanguy, Pierre, Jean-Phi, Audrey et Didier pour l'Ubaye. Sergio pour les Dolomites. Christine et Alain pour le Kurdistan. Marie-Elise, Antoine et Uwe pour l'Arménie. Franck et Pierre pour l'Iran. Max, Xavier, Alex, Thib. R, Quentin, Tanguy, Thib. D, Pierre et Alex au Kirghizistan. Et Cédric pour l'Inde.

Merci à Noémie Ponton, mon éditrice. Elle était très motivée par ce projet, et l'a défendu avec opiniâtreté au sein de la maison Glénat. Elle a su mener ce chantier d'une main directive, mais souple, réussissant à me cadrer tout au long de ce marathon. Bravo à elle.

Et enfin merci aux généreux donateurs de quelques photos pour compléter le livre. Je pense à Thomas Guerrin et Etienne Mérel qui sont tous les deux photographes. Merci aussi à Guillaume Humbert un collègue guide pour sa photo d'Iran, et à Charlotte Normand et Victor Michel, deux clients de longue date pour leur magnifique photo de mosquée.

**Shams Eybert-Berard** est guide de haute montagne, basé à Crolles, dans la région grenobloise. Il se passionne très tôt pour l'aventure hivernale à ski de randonnée, d'abord en France, puis rapidement à travers toute l'Asie centrale. Voyageur dans l'âme, il a toujours été attiré par les contrées lointaines de la Route de la soie. Des Balkans aux confins du continent asiatique, il est allé presque partout où ses skis ont pu trouver de la neige. À la rencontre des gens qui peuplent ces territoires, il a appris leur langue et à suivre leurs coutumes.

**Charlotte Villez** est accompagnatrice en montagne et ingénieure. Cavalière avant tout, elle se passionne pour la montagne et pour les voyages depuis plusieurs années. Aussi à l'aise pour parler de chaussettes chauffantes avec un Turc que de la famille avec une Iranienne, elle excelle dans l'art de la gestuelle universelle pour parvenir à se faire comprendre de tous. Avide de ces moments de vie partagés dans les petits villages, elle se laisse quand même convaincre pour quelques virages, si la vue est belle et qu'il y a des animaux. Shams et Charlotte partagent leur vie et leurs voyages. Elle est présente dans plus de la moitié des voyages dans ce livre.

**Stéphane Guigné** est photographe et pilote de drone. Amis d'enfance, Shams et lui ne se sont pas quittés depuis un voyage rocambolesque à vélo, en Himalaya indien quand ils avaient 18 ans. Depuis, ils sont allés partout ensemble. En Chine skier en haute altitude, en Russie pour goûter la poudreuse du Baïkal, en Corse, dans les Dolomites ou encore au Liban. Stéphane est toujours partant pour une belle aventure entre amis, surtout si la neige promet d'être bonne.

Illustrations : Maeva Revellin (@missismr)
Cartographie : Murielle Dubois (Éditions Glénat)


Couvent Sainte-Cécile
37, rue Servan – 38000 Grenoble
www.glenat.com

Réalisation, prépresse et fabrication : Glénat Production


ISBN : 978-2-344-05119-1
Dépôt légal : novembre 2023

Achevé d'imprimer en Espagne en octobre 2023 par Egedsa, sur papier provenant de forêts gérées de manière durable.